Gestão financeira
no setor público

COLEÇÃO PRÁTICAS DE GESTÃO

Série
Gestão pública

Gestão financeira no setor público

Istvan Karoly

Copyright © 2014 Istvan Karoly

Direitos desta edição reservados à
Editora FGV
Rua Jornalista Orlando Dantas, 37
22231-010 | Rio de Janeiro, RJ | Brasil
Tels.: 0800-021-7777 | 21-3799-4427
Fax: 21-3799-4430
editora@fgv.br | pedidoseditora@fgv.br
www.fgv.br/editora

Impresso no Brasil | *Printed in Brazil*

Todos os direitos reservados. A reprodução não autorizada desta publicação, no todo ou em parte, constitui violação do copyright (Lei nº 9.610/98).

Os conceitos emitidos neste livro são de inteira responsabilidade do(s) autor(es).

Preparação de originais: Sandra Frank
Projeto gráfico: Flavio Peralta / Estudio O.L.M.
Diagramação: Ilustrarte Design e Produção Editorial
Copidesque: Natalie Lima
Revisão: Fatima Caroni e Fernanda Mello
Capa: aspecto:design
Imagem da capa: © Violka08 | Dreamstime.com

Ficha catalográfica elaborada pela
Biblioteca Mario Henrique Simonsen/FGV

Kasznar, Istvan Karoly
    Gestão financeira no setor público / Istvan Karoly. – Rio de Janeiro: Editora FGV, 2014.
    88 p. – (Práticas de gestão. Série Gestão pública)

    Inclui bibliografia.
    ISBN: 978-85-225-1393-2

    1. Finanças públicas. 2. Administração financeira. 3. Administração pública. I. Fundação Getulio Vargas. II.Título. III. Série.

CDD – 336

Sumário

Apresentação 7

Capítulo 1 . Gestão financeira: definições e propósitos 9
   Gestão financeira 9
   Gestão financeira no setor público............................. 15

Capítulo 2 . Financiamento do setor público 21
   Meios de financiamento 21
   Gestão do orçamento público 23
   Execução orçamentária e financeira 26
   Execução das despesas públicas 32

Capítulo 3 . Demonstrativos financeiros 35
   Estudo dos demonstrativos financeiros 35
   Definição e análise de índices financeiros...................... 47
   Quadros financeiros gerenciais – Interpretação e análise 52

Capítulo 4 . Gestão do Estado 61
   Superávit e déficit 61
   Prestação de contas 71
   Direito tributário 78
   Contabilidade pública... 82

Bibliografia 83

Sobre o autor 85

Apresentação

A Fundação Getulio Vargas (FGV) foi fundada em 1944 com o objetivo de contribuir para o desenvolvimento do Brasil, por meio da criação e da difusão de técnicas e ferramentas de gestão. Em sintonia com esse objetivo, em 1952 a FGV, comprometida com a mudança nos padrões administrativos do setor público, criou a Escola Brasileira de Administração Pública (Ebap). Em seus mais de 60 anos de atuação, a Ebap desenvolveu competências também na área de administração de empresas, o que fez com que seu nome mudasse para Escola Brasileira de Administração Pública e de Empresas (Ebape).

A partir de 1990, a FGV se especializou na educação continuada de executivos, consolidando-se como líder no mercado de formação gerencial no país, tanto em termos de qualidade quanto em abrangência geográfica dos serviços prestados. Ao se fazer presente em mais de 100 cidades no Brasil, por meio do Instituto de Desenvolvimento Educacional (IDE), a FGV se tornou um relevante canal de difusão de conhecimentos, com papel marcante no desenvolvimento nacional.

Nesse contexto, a Ebape, centro de excelência na produção de conhecimentos na área de administração, em parceria com o programa de educação a distância da FGV (FGV Online) tem possibilitado que o conhecimento chegue aos mais distantes lugares, atendendo à sociedade, a executivos e a empreendedores, assim como a universidades corporativas, com projetos que envolvem diversas soluções de educação para essa modalidade de ensino, de *e-learning* à TV via satélite.

A Ebape, em 2007, inovou mais uma vez ao ofertar o primeiro curso de graduação a distância da FGV, o Curso Superior em Tecnologia em Processos Gerenciais, o qual, em 2011, obteve o selo CEL (teChnology-Enhanced Learning Accreditation) da European Foundation for Management Development (EFMD), certificação internacional baseada em uma série de indicadores de qualidade. Hoje, esse é o único curso de graduação a distância no mundo a ter sido certificado pela EFMD-CEL. Em 2012, o portfólio de cursos Superiores de Tecnologia a distância diplomados pela Ebape aumentou significativamente, incluindo áreas como gestão comercial, gestão financeira, gestão pública e marketing.

Cientes da relevância dos materiais e dos recursos multimídia para esses cursos, a Ebape e o FGV Online desenvolveram os livros que compõem a Coleção Práticas de Gestão com o objetivo de oferecer ao estudante – e a outros possíveis leitores – conteúdos de qualidade na área de administração. A coleção foi elaborada com a consciência de que seus volumes ajudarão o leitor a responder, com mais segurança, às mudanças tecnológicas e sociais de nosso tempo, bem como às suas necessidades e expectativas profissionais.

Flavio Carvalho de Vasconcelos
FGV/Ebape
Diretor

www.fgv.br/ebape

Capítulo 1

Gestão financeira: definições e propósitos

Neste primeiro capítulo, veremos que a gestão financeira lida com uma das questões fundamentais das organizações, a alocação do capital. Isso é essencial, tendo em vista a finalidade de gerar o equilíbrio das contas públicas e a correta aplicação dos recursos. Identificaremos o conjunto de conceitos, definições e ferramentas das finanças e da gerência financeira pública e discutiremos, ainda, as habilidades e competências necessárias para a atuação do gestor financeiro no setor público.

Gestão financeira

A gestão financeira lida com uma das questões mais sensíveis e importantes de uma organização: a alocação correta e eficiente do capital. Usualmente, uma empresa precisa alocar cinco fatores de produção, de tal forma que eles sejam combinados eficientemente e venham a dar os resultados empresariais concebidos para a empresa, são eles:

- a terra, leiam-se as matérias-primas;
- o trabalho, entenda-se a mão de obra;
- o capital, compreenda-se o recurso financeiro;
- o talento empresarial, que liga e concatena os fatores; e
- o tempo, ao qual se sujeita a produção.

O recurso financeiro faz o negócio acontecer. A disponibilidade de capital na forma de poupanças, aportes, créditos e financiamentos permite que se façam investimentos e que uma empresa se estruture, se forme e, ao se capitalizar através dos sócios e do próprio negócio, evolua no tempo, atendendo a sua missão.

> **CONCEITO-CHAVE**
>
> Gestão financeira é a área da gerência, da coordenação, do comando, da concatenação e da mobilização empresarial que se concentra no processo de otimização alocativa dos capitais, das finanças empresariais. Seu interesse é que, nas empresas, as receitas recebidas e que entram em Tesouraria e Caixa sejam bem aplicadas e apresentem elevado retorno, em face das despesas, que pressionam a saída de Caixa. A gestão financeira há de combinar adequadamente a alocação de recursos no curto prazo – em geral um ano – e a alocação de recursos de longo prazo – acima do prazo de um ano. E nas empresas que fazem a intermediação financeira, tais como os bancos, que as aplicações de recursos sejam maiores e mais rentáveis que as captações, que sejam algo mais baratas, mantido um equilíbrio de volumes de recursos.

A gerência financeira, seja pública, seja privada, parte de certos objetivos iniciais e básicos:

- satisfazer e atender os acionistas, isto é, os donos da empresa, em seus objetivos, interesses e pretensões;
- alocar os recursos com eficiência, eficácia e efetividade;
- gerar resultados, sejam eles lucros na iniciativa privada e em empresas que atuam em setores competitivos não exclusivos do setor público, sejam eles benefícios públicos e a favor da população;
- maximizar o valor intertemporal dos lucros e/ou benefícios da empresa, de forma a maximizar o preço da ação de uma empresa e o valor do patrimônio dos acionistas;
- corresponder dinamicamente às mudanças rápidas dos cenários sociais, políticos e econômicos, de forma a gerar resultados contínuos e aumentar a carteira de investimentos feitos e por fazer;
- balancear adequadamente as necessidades de investimento, financiamento e distribuição de dividendos;
- criar uma estrutura de capitais ótima ou adequada, que combine corretamente os capitais próprios com o capital de terceiros;
- organizar-se de tal forma que se justifique uma relação risco x retorno adequada, que combine e se compatibilize com a filosofia, a mentalidade e a vontade de gerar resultados dos acionistas;
- utilizar com conhecimento de causa e boa informação os instrumentos e as ferramentas que o mercado de capitais pode oferecer, conforme cada caso organizacional que surgir e a evolução da empresa;
- estar a par das consequências econômicas, financeiras, legais, administrativas e outras, das diversas tomadas de decisão financeiras;

- saber gerar uma gestão financeira ante cenários macroeconômicos, políticos, sociais, tecnológicos e afins, que são rapidamente mutantes, num mercado de capitais imperfeito; num mundo de informações assimétricas para os diversos agentes econômicos; num país que possui legislações contraditórias e que criam barreiras e dificuldades a entrantes e a quem queira sair e outros fatores congêneres.

Cabe ao gestor financeiro reportar-se ao presidente da empresa e ser sensível às demandas e orientações que ele fizer, uma vez que as demais áreas terão cada uma por si demandas próprias por recursos financeiros, para alcançarem os seus objetivos departamentais.

Em uma empresa pública que visa gerar bem-estar à população, à comunidade, as finanças correspondem a uma atividade que precisa ser realizada adequadamente para que se aloquem recursos correntes, do dia a dia, de forma ajustada, e para que se acumulem e poupem recursos financeiros, para que se invista mais e, se for o caso, para que se distribuam dividendos aos acionistas.

Por esta razão, o gestor financeiro há de ser capaz de gerar resultados positivos e benefícios. E que se entenda que pelo financeiro tudo passa, pois ele transforma todos os fatores em dinheiro, pela ótica das receitas e dos custos (entradas e saídas). Diz-se que o "financeiro" é aquela pessoa que lida com as finanças de uma empresa. Mas também se pode entender que é o setor ou o departamento financeiro de uma firma. Outra preocupação, portanto, que ele terá será de gerenciar os usos e as fontes dos recursos. Fundamentalmente, busca-se responder à pergunta: de onde provêm as verbas e para onde irão destinar-se, qual uso se fará com os recursos financeiros da firma?

E o dinheiro, entendido como o papel-moeda, e o depósito bancário disponível à vista podem ser vistos como um denominador comum de valores que permitem a transação, a realização do negócio e a sua própria evolução. As matérias-primas e a terra, como fator, possuem seu preço, o preço das commodities. Os custos da mão de obra são representados por salários, impostos sobre o trabalho, vales-refeição, transporte e afins. O capital – recurso financeiro – pode ser visto sob duas óticas opostas: a do aplicador, que quer rendimento e visa ter juros máximos em seus depósitos; e a dos devedores ou tomadores, que visam pagar o mínimo, pois, para eles, a captação implica um custo, o custo do crédito. Os empresários, com seu talento empresarial, visam auferir lucros, distribuir dividendos e viver de rendas ativas sobre o capital. E quem é hábil em gerenciar o tempo pode movimentar a organização na direção de lucros e benefícios. Quem não faz a entrega ou espera, gerando demoras que fazem perder vendas e clientes, incorre em lucros suspensos ou não realizados e provavelmente na perda de mercado aos concorrentes.

Cabe ao gestor financeiro ter a habilidade de alocar os recursos adequadamente. É preciso que ele entenda bem as características da empresa com a qual lida, assim como o macroambiente que o cerca. Isto possui algo como uma forte dose de técnica e conhecimento e uma dose significativa de bom senso misturada a saber e experiência.

Os instrumentos financeiros foram feitos para que o gestor, o gerente de finanças, levante dados e informações, de dentro e de fora da empresa, monitore-os, disponha de séries estatísticas, utilize demonstrativos e ferramentas que lhe ajudem e que são advindos da contabilidade, das finanças, da auditoria e dos sistemas de controle, partindo para o uso de índices e mensurações, de tal forma que extraia informações de cunho empresarial e passe a ter meios adequados e satisfatórios para entender uma realidade, projetar os acontecimentos e tomar decisões de alocação adequadas.

> **COMENTÁRIO**
>
> Não cabe aqui disseminar ou promulgar "leis inabaláveis" de finanças, pois elas não existem. É preciso entender, levantar as características de uma empresa ou órgão, definir em que estágio se encontra, mostrar seu ambiente, dispor do espectro intertemporal de sua atuação e das justificativas e razões de Estado que levaram tal empresa ou órgão a um quadro situacional, para adotar medidas cabíveis, de bom senso.

Na função de gestor financeiro, é preciso estar atento aos seguintes pontos:
- é de interesse social maximizar a produção de bens e serviços públicos, com força naqueles que são mais votados e apontados pela população e por um corpo técnico especializado isento de interesses político-partidários;
- a curto prazo, é importante que o capital de giro da empresa seja e se faça positivo, que o ativo circulante seja maior que o passivo circulante: AC > PC. Ou seja, a empresa há que zelar por liquidez financeira. Ter caixa, dispor de reserva e ter meios de pagar e cobrir quaisquer dívidas no curto prazo é fundamental;
- no setor público pode haver a meta de gerar lucros e retornos empresariais. Isso ocorre quando se produzem na estrutura de Estado bens semipúblicos, semiprivados ou tipicamente privados. Petróleo, químicos e energia elétrica são exemplos do gênero, posto que o setor privado pode produzir com autossustentabilidade gasolina, óleos e lubrificantes e energia elétrica. Mas esse afã pelo lucro não é

obrigatório. O Estado há que ser um bom provedor de bens públicos – tais como saúde, educação, segurança, infraestrutura. ciência e tecnologia, diplomacia, regulação e gestão judiciária, entre outros –, e, nesse caso, o objetivo é a produção de benefícios a cada cidadão e à sociedade. A cobertura desses gastos públicos atrela-se e é feita normalmente ao provimento de uma dotação orçamentária, que se lastreia, se ampara, sobre os impostos arrecadados;

- o endividamento pode ajudar a fazer o gasto, mas é preciso estar atento aos juros e ao controle das despesas financeiras decorrentes do endividamento. O gestor deve saber estruturar os capitais da firma, de sorte a mantê-la balanceada, bem calibrada;
- se há meios para levar adiante um projeto, sem atropelos, e a busca de empréstimos de última hora, com cobertura de caixa, então ele possui boas probabilidades de dar certo. Por esta razão é preciso atuar sempre com férrea disciplina fiscal. Só se gasta o que asseguradamente foi aprovado pelo Poder Legislativo e pela administração superior, havendo, em regime de caixa, garantias de cobertura dos pagamentos por fazer e contratar.

Mediante indicadores, o gestor deve consubstanciar uma situação em que ele obtenha e mantenha para a empresa pública:

- dotações confortáveis;
- estrutura de despesa justificada e econômica;
- capacidade de capitalização;
- liquidez de curto prazo, de tal sorte que AC/PC > = 1;
- grau de endividamento baixo para moderado – que não comprometa as finanças, o orçamento da organização e que não crie uma "bola de neve" de endividamento;
- benefícios ou retornos mensuráveis – em saúde, a redução da mortalidade, a erradicação de uma doença, o fechamento de hospitais especializados numa doença que se combateu com sucesso e/ou o aumento da expectativa de vida da população são indicadores desejáveis a conquistar. Então, se um hospital "acaba", isso pode ser uma medida de sucesso, não de fracasso;
- análise de receitas totais e comparação com despesas totais, com vistas a ter receitas maiores ou iguais a despesas, de preferência. Caso o saldo seja positivo, haverá espaço para se expandir, ou investir mais, ou pagar dívidas acumuladas da dívida pública. Caso o saldo seja negativo, chamar-se-á este de necessidade de financiamento (NF). Em nível primário, a NF considera receitas totais menos despesas totais, excluindo as despesas com juros. A meta é verificar os resultados primários, operacionais, não financeiros, da organização. Em termos mais realistas, tudo se conside-

ra, inclusive os juros e as despesas financeiras. Logo, o saldo final das contas deve ser positivo, dito superavitário. Quando o saldo é deficitário, negativo, será preciso encontrar uma forma de "fechar", equilibrar, as contas. Para tanto, calcula-se o saldo final, que atende também pela expressão NFSP da empresa em questão;

- redução na formação das necessidades líquidas primárias de financiamento do capital. Quando as necessidades de financiamento do setor público (NFSP) em geral e por empresa tendem a zero, as finanças públicas se dirigem ao equilíbrio das contas públicas, o que é bom e importante. Esta é a direção da disciplina fiscal. Ela há que ocorrer por empresa e para o setor público como um todo. Nesse caso agregado, de tal forma que tampouco se criem impostos novos eternamente. Mais impostos elevam a carga fiscal; reduzem o poder aquisitivo da população; reduzem as margens dos produtores privados de bens e serviços; e diminuem a poupança geradora de investimentos. Por outro lado, mais impostos podem aumentar os gastos públicos; beneficiar certas organizações públicas que terão orçamentos maiores; e beneficiar os provedores de bens e serviços públicos, tais como as empreiteiras, entre outros elementos a considerar;

- do item anterior decorre que a verba pública implica decisões de alocação política. Grupos estabelecidos no poder podem alocar os recursos segundo a vontade do povo e suas próprias vontades, o que torna a gestão desses recursos algo de sumamente complicado. Um bom governo, isento, ético, qualificado, que realmente quer defender os interesses mais genuínos dos cidadãos, tenderá a alocar os recursos naqueles bens e serviços públicos que atendem os anseios explicitados pelos votantes e seus representantes políticos. Um mau governo pode desviar as verbas públicas, gerando uma ilícita privatização dos recursos, em detrimento da população. Isto há de ser previsto, coibido, proibido, controlado e auditado pelos meios que a própria estrutura de Estado há de montar e prever;

- obtenção de fontes de financiamento de longo prazo que sejam compatíveis com os prazos de maturação dos projetos públicos. Em geral, estes demoram tempo para serem amadurecidos.

EXEMPLO

Conforme dados e pesquisas do World Bank, em seu *Annual Report*, segue que, em média:

- a educação desde a mais tenra infância até a de nível superior requer 16 anos em países desenvolvidos e emergentes;
- o investimento em infraestrutura rodoviária se recupera em 21 anos em países desenvolvidos europeus e em 25 anos em países emergentes;
- o investimento em barragens e energia elétrica, quando se recupera, demora 31 anos, ou mais, em países em vias de desenvolvimento.

> **COMENTÁRIO**
>
> Em muitas situações, o Estado faz e investe naquilo que o setor privado não aciona ou pelo qual não se interessa por não conseguir enxergar as resultantes da relação (custo x benefício e risco x retorno). Nesses casos, o setor público assume frequentemente riscos altos e retornos financeiros baixos, compensando-os com a maximização do bem-estar social e a busca de benefícios comunitários elevados. Portanto, os parâmetros de avaliação são outros e não apenas de ordem capitalista. Entenda-se por riscos o diferencial entre taxas de retorno esperadas r^e e efetivas **rf**. O risco é dito mínimo quando este diferencial é zero.
>
> $\theta = rf - r^e$

Gestão financeira no setor público

A gestão financeira no setor público é um ramo das finanças corporativas que lida com a alocação de recursos que diz respeito à gestão de recursos financeiros que estão nas mãos do setor público – nas empresas típicas de governo; nas empresas estatais; no ramo da previdência pública nos três níveis de governo, federal, estadual e municipal.

Essa variedade de empresas públicas faz com que as finanças corporativas se apliquem a elas de forma diferenciada. Enquanto a Petrobras pode vender gasolina, lubrificantes e álcool em seus postos, gerando uma receita competitiva de mercado, a Previdência depende da arrecadação de verbas oriundas dos pagamentos ao INSS feitos por cada trabalhador. Uma escola pública depende da dotação orçamentária que lhe for aprovada.

Enquanto uma empresa produtiva estatal pode sujeitar-se às vicissitudes e aos movimentos conjunturais do mercado, faturando de forma flutuante e de acordo com a movimentação econômica, um colégio ou um hospital público pode estar sujeito a uma verba pré-fixada, ou que lhe reduz os graus de liberdade e de ação financeira. É preciso estar atento à situação que se enfrenta e montar uma estratégia financeira que preveja estas restrições.

Quando o Estado possui 50% mais um das ações de uma empresa entende-se que ela seja pública. Nessa circunstância, existem situações de gestão específicas que devem ser consideradas, pois a gestão do Estado não é igual nem ocorre da mesma forma e com os mesmos propósitos da gestão empresarial privada. O Estado é um provedor de bens públicos e cabe saber o que a sociedade quer que ele oferte. As sociedades não são iguais. Suas preferências por um Estado grande ou pequeno, interventor ou ausente, máximo ou mínimo podem variar muito. E isto tem a ver com questões ideológicas e de modelagem de um Estado.

Enquanto alguns cidadãos são favoráveis a um grande Estado provedor, outros propugnam um Estado mínimo, valorizando os princípios fisiocráticos. Neste âmbito, a sociedade há de definir, identificar e selecionar suas demandas por bens e serviços públicos, a serem gerados e produzidos pelo Estado.

Antes de arrecadar, gastar, fazer orçamentos, projetar impostos como fontes de arrecadação e lidar com a carga fiscal e os contribuintes, cabe ao gestor financeiro entender, conhecer, dimensionar adequadamente e acompanhar com esmero as decisões dinâmicas a respeito das demandas públicas que existem em sua sociedade. Em regimes democráticos, a população escolhe seus políticos no Legislativo e no ápice do Poder Executivo. Esta classe política eleita debate, negocia e define mediante acordos o conjunto de projetos públicos nos quais investirá e gastará recursos. Neste processo, dimensiona-se a máquina do Estado, que dará sustentação, apoio, manutenção e a esperada solução de continuidade aos projetos públicos. Desta forma, o Estado constituído permitirá que se identifiquem:

> **ESTADO PROVEDOR**
> É aquele que provê à sociedade bens e serviços de que ela necessita e que são solicitados, pedidos.
>
> **ESTADO MÍNIMO**
> Teoria liberalista, que defende a intervenção mínima do Estado na vida dos cidadãos e, especialmente, no mercado. O Estado seria responsável por funções específicas de segurança, proteção contra a violência, roubo, fraude, deixando à sociedade civil a organização e solução dos problemas de ordem local.

- sua estrutura contínua e básica, que gerará os gastos como fixos, para sua manutenção;
- sua estrutura operacional, para que se cumpram suas atividades correntes, que implicam gastos de custeio;
- sua estrutura de investimentos, para que evolua e aumente a formação bruta de capital fixo do Estado, quando necessário, somado à variação líquida de estoques que se fizerem relevantes.

Ao gestor financeiro público cabe ter, antes de mais nada, uma visão macro e social, condicionada à realidade política. Em outras circunstâncias, no entanto, o gestor financeiro poderá operar e trabalhar em partes, órgãos ou seções do Estado. Seu foco sairá do macro para o micro, mais específico e menor, frequentemente um projeto ou uma empresa ou repartição pública.

Por micro entenda-se microeconômico, portanto, a área que lida com o consumidor, as empresas, a formação dos mercados e supridores empresariais, os preços e as gestões de receitas em face de custos. Há uma preocupação contínua e eterna para que os custos fixos e variáveis, juntos, sejam superados pelas receitas.

No nível agregado, os poderes públicos são desmembrados em federal, estadual e municipal. O maior gestor financeiro de recursos públicos federais é o Ministério da Fazenda. Ele possui e inclui a administração do Tesouro Nacional, órgão que faz o exercício administrativo da gestão da arrecadação tributária – a somatória de impostos federais arrecadados no prazo de um ano, confrontada com os gastos públicos e de governo, que normalmente se abrem em gastos correntes ou de custeio (Cg) e de investimento público (Ig).

Um grande gestor e defensor da estabilidade da moeda é o Banco Central. A rigor, não lhe cabe dar lucro. O que se espera dele, entre outras ações, é que seja o garantidor da estabilidade monetária e combata a inflação com rigor. Nesse sentido, que emita moeda na razão e proporção direta da expansão do produto real. Se liberar dinheiro em excesso, acima da expansão real do produto, gerará inflação e provocará uma queda no poder aquisitivo da moeda. Se liberar dinheiro de menos, com a produção crescendo e/ou se acelerando, a taxa de juros aumentará, o custo do crédito subirá, a demanda agregada será inibida e como efeito haverá uma retração econômica e tendência à recessão. Portanto, é fundamental que o gestor financeiro entenda de movimentos e dinâmicas macroeconômicas e microeconômicas. Ele precisa acompanhar os cenários e avaliar a probabilidade de acontecerem certas e novas situações. Em especial, cabe ao gestor entender o que fazem, pretendem fazer e promovem o Ministério da Fazenda e o Banco Central.

DICA

Especialmente em políticas fiscal, monetária e cambial, a palavra e a sinalização do Ministério da Fazenda e do Banco Central são decisivas. O gestor público necessita entender e antecipar o que lhe apontam esses agentes públicos. Isso pode ser feito por meio das ferramentas gerenciais adequadas, do entendimento sobre cenários externos e da obtenção de dados e informações internas. Assim, o gestor público saberá como agir em cada situação e otimizará os recursos financeiros que tiver de administrar.

Em nível agregado, o gestor financeiro de fazenda e economia nacional deve se preocupar fundamentalmente em fazer com que a soma das arrecadações ocorridas em uma data **t**, **ARR**, seja igual ou algo maior que a soma dos gastos registrados nessa data e período **t**, **G**. Quando acontece uma arrecadação ou receita fiscal maior que uma despesa agregada, diz-se que existe um superávit fiscal. Isto é, **RTg** é maior do que **DTg**, gerando assim um superávit.

COMENTÁRIO

Quando ocorre uma arrecadação ou receita fiscal igual ao gasto público, no mesmo período **t**, diz-se que se está em equilíbrio fiscal. No entanto, dívidas ou créditos de períodos anteriores podem existir. Um equilíbrio, nesse sentido, é temporário.

O esforço em fechar e equilibrar as contas é anual. Em especial, no caso do Estado, onde existe a dívida interna pública e a dívida externa pública. E quando um país possui elevadas dívidas formadas no passado, seu giro e renovação mensal, através de lançamentos de novas letras (LTN), notas (NTN), letras fiscais (LFT) e obrigações (OTN) do Tesouro, podem ser custosos, o que im-

plica o pagamento importante de volumoso recurso arrecadado que se dirige a juros.

Se **RTg** é igual a **DTg**, há equilíbrio fiscal parcial de um período, em **t**. Já quando se gasta além da medida e arrecada-se menos que o gasto, surge o déficit público. Nesta situação, tem-se que **RTg** é menor que **DTg** e por conseguinte as contas não fecham. Gastou-se mais do que se arrecadou, surgindo uma falta de caixa que é preciso fechar de alguma forma. Mas de que forma? Esta é uma questão essencial em política fiscal, de Estado e de finanças públicas. E tem correlação direta com a gestão financeira pública, de nível maior, mais elevado. Neste momento, é importante perceber que a situação deficitária em contas públicas:

- é aquela que mais aflige o gestor financeiro: ele se pergunta de onde tirar e obter recursos, para que as contas fechem;
- é aquela que mais ocorre, sobretudo em países pobres, subdesenvolvidos ou que possuem uma administração pública pouco ortodoxa, leia-se sem maior disciplina com contas públicas;
- pode acontecer em nível federal, estadual e municipal;
- pode não acontecer num nível de poder, noutro(s) acontece(m). Logo, pode haver um jogo de pressões políticas seríssimo, para que aqueles que são e se fazem disciplinados paguem ou acabem pagando as contas dos que são deficitários momentâneos, deficitários crônicos, deficitários estruturais não autossustentáveis ou deficitários acidentais;
- causa uma sensação de que as despesas superaram as receitas e houve potencial desvio de verbas, logo, má alocação de recursos, inclusive por administração antiética.

Há a necessidade de se estabelecer técnicas financeiras públicas que assegurem os superávits, por menores que sejam, ou ao menos permitam à gestão acercar-se do equilíbrio fiscal. E que se evitem situações em que se repitam déficits, que majoram o endividamento, reduzem a credibilidade numa administração ao longo do tempo em relação a sua capacidade de gestão e recuperação das contas, e podem levar a situações de fechamento de contas que prejudicam o próprio erário público. Entre as medidas mais comuns utilizadas para fecharem-se contas deficitárias encontram-se as seguintes, oriundas de uma mistura de situações financeiras, patrimoniais, monetárias e fiscais, sobretudo, que podem ser utilizadas pelo poder público. Naturalmente, foca-se com ênfase maior num nível federal, a saber:

- emitir moeda – isto é inflacionário, logo, é uma medida não recomendável. Empresas normais, obviamente, não podem adotar e usar esta medida. Vemos que esta é uma medida de Estado, onde o Banco Central aciona a Casa da Moeda como agente do Tesouro Nacional, para financiar e cobrir o déficit monetariamente;
- emitir títulos públicos e vendê-los na praça – significa receber moeda corrente em troca de papéis públicos. É uma medida que aumenta a taxa de juros e que retrai o consumo privado. Ademais, aumenta o tamanho da dívida mobiliária interna. Permite a quitação das dívidas, do déficit. Mas, em compensação, pode atiçar a recessão e gerar desemprego. Também é possível emitir títulos públicos e vendê-los no exterior, com o que se eleva a dívida externa pública;
- tomar dinheiro emprestado no país: concorre então o Estado com os tomadores privados. Em condições normais, o Estado tem mais credibilidade, afinal de contas, suas garantias são dadas por arrecadações recebíveis a futuro, de gerações de contribuintes presentes e futuros, amparada a arrecadação sobre uma legislação que tende a mudar pouco. Logo, há uma rigidez fiscal favorável à manutenção de carga fiscal (relação total de impostos arrecadados sobre o produto interno bruto – PIB). Perde a sociedade de consumo, aumentam as dívidas das empresas endividadas pelo efeito da alta dos juros. Resta saber se estes deslocamentos e efeitos entre as variáveis compensa;
- privatizar empresas públicas – o Estado abre mão de uma empresa pública produtiva ou do que essa estrutura rende, possui patrimonialmente. É um efeito de "uma vez por todas". Vende-se a empresa uma vez e só uma vez. Se o rombo for momentâneo e controlável, talvez esta seja uma medida razoável. Mas se a venda se associa a uma avaliação do bem público a valores subestimados, o Estado e os cidadãos perdem um patrimônio público, um gerador de caixa potencial e efetivo se bem administrado e voltam a ver déficits nas contas públicas mais à frente. Não é uma medida que encontre acordo geral e há muita polêmica em torno de sua realização;
- alienar bens públicos – na alienação, fatura-se e a receita de vendas cobre o déficit, no todo ou em parte. Em geral, esta é uma medida secundária, pequena e, portanto, caudatária;

- criar um novo imposto – pode ser um imposto momentâneo, extraordinário ou provisório. Além de injusto, é sumamente antipático e desagrada a população. Significa transferir os custos da má gestão ou da administração que erra ou é perdulária em muitos casos à população. Em condições normais, não deveria acontecer, até porque impostos deveriam ser aprovados pelo Legislativo e incidir sobre as contas do ano seguinte;
- buscar e obter transferências e doações a fundo perdido – recursos que uma vez recebidos, não se devolvem;
- atrasar pagamentos – isto não deixa de ser um calote e mostra a inadimplência assim como a insolvência do Estado. Insolvente não possui solvência, logo não tem recursos de curto prazo para pagar suas dívidas, falta liquidez. Inadimplência é mais grave, pois além da falta de liquidez não há outros recursos, patrimoniais, que possam saldar a dívida; e
- para prazos mais dilatados, mexer na estrutura fiscal e propor reformas tributárias – renegociar incidências fiscais entre origem e destino; governos federal, estadual e municipal; redefinir quem fica com quantos por cento de cada imposto arrecadado; redefinir os tipos de impostos; renegociar subsídios, anistias e compensações fiscais; redefinir o valor das transferências a estados e municípios; redefinir as metodologias de cálculo das transferências; e afins.

Pode-se perceber em nível agregado o tamanho e as opções de ação, trabalho, participação e influência de um gestor financeiro público nas contas de Estado. O bom gestor financeiro de macroagregados públicos é um agente determinante no estabelecimento da política de estabilização econômica nacional. Esse gestor financeiro público possui atributos e uma compreensão de alta acuidade sobre o que acontece com as contas públicas em geral e com o conjunto de empresas públicas e privadas e sua forma de gerenciar as finanças. Neste nível, associam-se, somam-se e interligam-se as políticas macroeconômicas de crescimento, desenvolvimento e estabilização; as finanças corporativas; as finanças públicas e as finanças privadas.

Assim, um bom gestor financeiro público precisa saber, conhecer e dominar estes quatro ramos das finanças – somando a elas as finanças internacionais – para cercar o assunto integralmente e adotar medidas corretas, convenientes, que comprovem a aplicação honesta, justa, ilibada e tecnicamente bem justificada dos recursos.

Capítulo 2

Financiamento do setor público

Neste segundo capítulo, discutiremos as fontes e os usos do financiamento do setor público, destacando temas como a dotação orçamentária e as fases de execução orçamentária, financeira e patrimonial de um governo. Ao longo do capítulo entenderemos ainda a execução da despesa pública como o processo no qual o Estado gasta para fazer funcionar os serviços públicos e atender ao interesse público.

Meios de financiamento

Para que a máquina pública atenda as demandas por bens e serviços públicos, é preciso dispor de meios de financiamento. Dessa forma, cabe ao Estado:

- calcular e projetar as demandas por bens e serviços públicos;
- traduzir essas demandas em termos orçamentários e de valor, para estabelecer o quanto se fará de dispêndio, gastará ou investirá;
- prover os recursos para manter a estrutura pública em funcionamento adequado;
- otimizar a liquidez e o caixa, usando de preferência capitais próprios;
- verificar o melhor conjunto de financiamentos, créditos, empréstimos e repasses que, a juros baixos e prazos longos, dê suporte aos projetos públicos, com vistas a dispor de recursos e afastar-se de déficits.

As fontes revelam a origem do recurso financeiro. Já os usos revelam onde se aplicam, em que se gastam, em que objetos ou projetos foram parar os recursos financeiros. As fontes geram as receitas, ou bases de faturamento. Os usos geram as despesas, ou gastos. Há múltiplas receitas e despesas públicas. As mais relevantes, controladas por meio de

padronização fixada pela legislação, compõem o cerne daquilo que o gestor há de administrar, prover e negociar em empresas públicas, convenientemente. Entre as receitas públicas mais relevantes, destaca-se a de arrecadação de impostos. Mas o Estado pode fazer uso de outras fontes adicionais, como da tesouraria do erário público e das empresas e órgãos públicos. Segundo cada caso, podem surgir diversas receitas, acentuando-se as seguintes:

- receitas de arrecadação de impostos;
- receitas de arrecadação de taxas, tarifas, emolumentos e outras contribuições;
- receitas de multas;
- receitas de vendas, faturamento sobre produtos e serviços, como no caso das empresas estatais;
- receitas de privatização, como no caso da venda de empresa estatal ao setor privado;
- receitas de alienação de bens;
- receitas de *seignorage*, oriundas de ganhos gerados pelo imposto inflacionário. Como se sentem apenas em decorrência da queda de poder aquisitivo da moeda, não correspondem a receitas típicas, que se considerem ou apropriem em conta;
- receitas de aplicações financeiras, como as oriundas de aplicações em títulos públicos e privados, dadas a poupança e a livre disponibilidade de recursos;
- receitas cambiais, oriundas de ganhos auferidos na cotação de duas ou mais moedas;
- receitas advindas de transferências;
- receitas oriundas de doações;
- outras receitas.

COMENTÁRIO

Das receitas acima enumeradas, uma empresa pública pode dispor de uma, duas ou mais. Mas nem sempre conta com um grau de liberdade de formação de receitas tão alto. Inúmeros órgãos públicos dependem diretamente do Estado, posto que nada ou pouco arrecadam diretamente. Nesse caso, dependem diretamente do erário público e do quanto este e os poderes constituídos lhe aloquem em dotação orçamentária.

A dotação orçamentária corresponde a um valor dado, específico, podendo suprir e satisfazer ou não as necessidades de um órgão público, para que ele se mantenha e ofereça bens e serviços públicos. Deste modo, é um desafio, uma luta contínua para o gestor financeiro público sensibilizar as autoridades,

DOTAÇÃO

É a verba consignada em orçamento destinada ao custeio das ordens do serviço público.

o Poder Legislativo, as outras empresas públicas com as quais concorre por verbas, a fim de conseguir em certos casos uma dotação orçamentária confortável e "grande".

Ministérios de secretarias, como as de Saúde, Educação, Segurança Pública e Ciência e Tecnologia, frequentemente possuem poder de barganha menor que outros órgãos. Com menor dotação, diminui o provimento de bens e serviços públicos. E, sob esta justificativa, aparecem mais pressões para aumentar-se a dotação, que por sua vez haveria de ser provida com o aumento da carga tributária sobre os contribuintes, que pagariam mais impostos e ficariam com menos renda livre para consumo e formação de poupanças.

Por parte dos usos, de onde vai ser aplicado e em que vai ser usado o recurso, as rubricas e titulações são as mais múltiplas e variadas possíveis. Fundamentalmente, as despesas se dirigem para gastos correntes – de curto prazo e investimentos – de prazo superior ou igual a um ano. Entre as despesas mais comuns, se encontram:

- despesas salariais e da folha de pagamentos, inclusive impostos, FGTS, PIS, Pasep e INSS, entre outros;
- despesas com fornecedores diversos – eletricidade; gás; telefonia; telecomunicações em informática; de bens; de serviços;
- despesas com prestações e amortizações de dívidas financeiras, créditos e juros correlatos;
- despesas fiscais, de pagamentos de impostos;
- despesas cambiais, associadas a transações e operações internacionais;
- outras despesas.

É importante e de bom senso que as fontes cubram os usos de recursos. Isto é, que o volume de recursos obtido pela via de fontes assegure uma dotação superior à somatória dos gastos e venha até a gerar uma folga, um superávit. Nessa situação, o órgão público passa a ter liquidez, uma folga financeira, o que lhe dá conforto e evita o estressamento financeiro.

Gestão do orçamento público

Há fases que devem ser consideradas no orçamento público, cabendo ao gestor identificá-las e conhecer sua forma de evolução. Elas podem ser assim descritas:
- unidimensional – da despesa;
- bidimensional – da despesa e atividade;
- tridimensional – da despesa, da atividade e dos programas.

Num plano maior, mais amplo, pode-se tratar de fases multidimensionais, em que aparecem: despesa, atividades, programas e metas. Na visão tradicionalista, o orçamento se fazia com vistas a se assegurar o controle político, o controle dos gastos e o equilíbrio financeiro. Hoje em dia, o orçamento moderno enxerga um instrumento de administração para a configuração e a realização dessas metas.

O orçamento público possui diversos princípios:

- unidade (§5º e incisos do artigo 165 da Constituição Federal): o orçamento deve e precisa ser uno, importando a totalidade orçamentária;
- universalidade – artigos 3º e 4º da Lei nº 4.320, que envolve o conhecimento de todas as receitas e despesas; a autorização legislativa e a cobrança de tributos que seja compatível com o nível de gastos;
- o orçamento há de ser bruto, sem nenhum tipo de dedução – artigo 6º da Lei nº 4.320;
- a anualidade ou periodicidade há de ser contemplada – artigo 34 da Lei nº 4.320 – logo, é preciso especificar e determinar um período específico;
- não afetação das receitas – incluso no inciso IV, artigo 167, da Constituição Federal, que afirma que é proibida a vinculação entre receita e despesa, salvo dispositivos constitucionais dos artigos 158, 159, 198 e 212 da Constituição Federal e as garantias constitucionais decorrentes de Adiantamento de Receita Orçamentária (ARO);

- discriminação ou especialização – artigo 5º cc artigo 15, da Lei nº 4.320, onde se exige a identificação pormenorizada das receitas e de suas aplicações.

Ele possui seu conceito e finalidade. É importante salientar que cabe considerar que o orçamento público há de ter:

- exclusividade: §8º, artigo 165 da Constituição Federal, onde existe impedimento de que na Lei Orçamentária Anual (LOA) conste ou faça parte assunto estranho e incabível à receita e à despesa;
- equilíbrio: onde é vital gastar somente e apenas o que se tem como recurso;
- publicidade: em que é preciso dar substância à forma e à transparência;
- clareza: onde o orçamento há de ser compreensível a todo e qualquer cidadão;
- uniformidade ou consistência: para possibilitar e facultar comparações;
- legalidade da tributação: consta no artigo 37 da Constituição Federal, onde se valorizam a legalidade, a impessoalidade, a moralidade, a publicidade e a eficiência.

Em face da Constituição Federal de 1988, três planejamentos orçamentários são propostos, a saber:

Plano plurianual – inciso I, artigo 165 da Constituição Federal

- visa ao planejamento dos gastos públicos;
- permite que se visualizem e tente atingir objetivos específicos;
- proporciona melhorias reais na qualidade de vida;
- abrange todas as despesas e saídas de caixa;
- considera os programas de duração continuada, renováveis.

Exemplo: Queremos todas as crianças na escola, aprendendo.
Objetivo: Eliminar o analfabetismo local.
Indicador: Número de matrículas – de 1.000 em 2010 para 1.726 em 2015.
Unidade responsável: Secretaria Municipal de Educação.
Ação: Aumentar as oportunidades de frequência e comparecimento escolar fornecendo transporte gratuito; buscando as crianças no meio rural; garantindo rica merenda escolar; trabalhando com professoras especializadas em alfabetização e ensino de alto rendimento.

Diretrizes orçamentárias – inciso II, artigo 165 da Constituição Federal

Deverão dispor:

- de equilíbrio entre receitas e despesas;
- de critérios de limitação de empenho;
- de controle de custos;
- da avaliação de resultados;
- de condições para transferências de recursos a entidades públicas e privadas;
- de riscos fiscais avaliados;
- de metas fiscais estipuladas.

Orçamento anual – inciso III, artigo 165, da Constituição Federal

São compatíveis e aderentes a um planejamento econômico e social maior, o que consta do §4º. Em orçamentação, existe um Ciclo Orçamentário. Pode-se afirmar que existe um modo de fazê-lo, e que ele possui seus ritos. O gestor deve ficar alerta a isto, pois é preciso participar, atuar, justificar demandas e potenciais usos e fontes, para ver aprovado o orçamento. No nível do processo legislativo, em projeto de lei, o Ciclo Orçamentário evolui, em suma, como segue:

- existe uma iniciativa do Executivo;
- surge a discussão das emendas, o voto do relator, a redação final e a votação em plenário;
- ocorre a sanção (aprovação) ou o veto (não concorda, corta, modifica, não aprova a feitura) do Executivo;
- promulga-se a existência da Lei;
- publica-se a decisão, que torna obrigatória a ação e gera a LOA.

O ciclo em si possui três etapas, a preliminar, a intermediária e a final, para ser completado. Isto leva ao seguinte conjunto de passos, que o gestor há de acompanhar:

Na etapa preliminar:

- fixação das diretrizes;
- projeções e prognósticos;
- preparação de normas e de instruções;
- encaminhamento às unidades operacionais.

Na etapa intermediária:

- indicar os programas de trabalhos a serem desenvolvidos.

Na etapa final:

- consolidar as propostas setoriais;
- formular a proposta geral;
- aprovar pelo chefe do Executivo;
- encaminhar ao Legislativo – é a iniciativa vinculada.

Execução orçamentária e financeira

As execuções orçamentárias, financeiras e patrimoniais de um governo refletem a utilização dos recursos consignados nos orçamentos. Em nível federal, estes podem ser o fiscal e o da seguridade social. No processo de execução orçamentária e financeira, identifica-se com clareza efetivamente para que e em que foi destinado e aplicado o dinheiro público. Espera-se que a execução se faça de forma correta, alocando-se o dinheiro, a verba pública, àqueles destinos aos quais ele de fato foi aprovado pelos representantes do povo. O Poder Legislativo debate, analisa, aprova ou reprova o destino das verbas reservadas aos governos e a seus múltiplos projetos. É de se esperar que o Poder Executivo, que faz acontecer o gasto, a saída, gaste realmente no que foi aprovado pelo Legislativo.

Execução das receitas públicas

A receita corresponde a uma expressão monetária que resulta do poder tributário ou da soma do valor dos bens e serviços de uma entidade, que é validada pelo mercado para um dado período, normalmente um ano. Gera ao mesmo tempo um acréscimo no ativo e uma redução do passivo, com aumento correspondente no patrimônio líquido. A receita possui, pelo Conselho Federal de Contabilidade, regulamentação, nas resoluções / CFC nº 750/93, no *DOU* de 31/12/1993 e nº 774/1994, no *DOU* de 18/1/1995. A receita pública equivale a todas as entradas e ingressos auferidos pelo poder público, de caráter não devolutivo, de uma esfera governamental, com vistas a alocar e cobrir as despesas públicas. Assim, toda entrada e ingresso orçamentário formam uma receita pública, que possui a finalidade de cobrir e atender as despesas públicas.

Classificação econômica da receita pública

Existe a classificação econômica da receita pública, orçamentária, estabelecida pela Lei nº 4.320/64, para embasar o conceito no ingresso de recursos financeiros. É preciso então fazer o registro do direito na hora em que ele for reconhecido, para que espelhe o verdadeiro e real estado patrimonial de uma entidade. A Lei nº 4.320 classifica a receita pública orçamentária em duas categorias econômicas, as das receitas correntes e as das receitas de capital. As receitas correntes são entradas de dinheiro advindo de atividades operacionais que serão aplicadas em dispêndios correspondentes, mais atividades operacionais, correntes ou de capital, com a meta de se atingirem objetivos contidos nos programas, nos projetos e nas ações de governo. São correntes, porque sua origem não é em operações de crédito, amortização de empréstimos e financiamentos e/ou alienação de algum item do ativo permanente. Elas derivam do poder de tributar ou são resultantes da venda de bens ou serviços colocados a mercado. A receita de contribuições advém de contribuições sociais, de intervenção no domínio econômico e afeito ao interesse de categorias profissionais ou econômicas, como uma forma de intervenção nas áreas respectivas.

Regime de caixa

Sob a ótica orçamentária, o regime de caixa é instituído legalmente para a receita pública, no momento da entrada e disponibilidade. Em seu artigo 35, a Lei nº 4.320 dispõe que pertencem ao exercício financeiro as receitas arrecadadas nele. A adoção do regime de caixa para as entradas de receitas provém da ótica orçamentária da Lei nº 4.320/64, com vistas a evitar o risco de que a execução das despesas orçamentárias seja maior que a arrecadação efetivada. A aplicação deste regime também inclui os ingressos indiretos. São as operações feitas por um ente que usa direitos cujos recebimentos estão previstos no orçamento para quitar obrigações permitidas no orçamento. O conceito do artigo 35 caracteriza como receita do exercício corrente aquela arrecadada no próprio exercício.

Equilíbrio orçamentário

Isto é importante, porque o equilíbrio das e entre as receitas e despesas há de ser entendido no tempo e não em cada exercício. Pode haver um pequeno déficit num ano, compensado por um superávit no ano seguinte, ou vice-versa, e assim por diante. E o equilíbrio orçamentário da previsão e da dotação se alicerça no princípio da anualidade. Inclui-se no total da previsão o valor dos saldos dos exercícios anteriores. Justifica-se assim o suporte financeiro à dotação orçamentária do período. O equilíbrio da execução das receitas e despesas se alicerça no princípio da origem e aplicação de recursos, que se caracteriza pelo equilíbrio financeiro no tempo. Disto resulta que um superávit financeiro é fonte para elevação de despesas do exercício seguinte, e que é saldo financeiro e não receita nova a registrar – artigo 43, §1º, inciso I. Pelo artigo 38 tem-se o cancelamento das despesas inscritas em restos a pagar, disponibilidades que visam ao pagamento de restos a pagar como fonte para elevação de despesas do exercício no qual sucede o cancelamento. Relaciona-se ao restabelecimento de saldo de disponibilidade comprometida, resultado de receitas arrecadadas em anos anteriores, e que não é uma nova receita a registrar. Casar as atividades econômico-financeiras com as contábeis é imprescindível. Nesse sentido, a contabilidade mantém o processo de registro para embasar o dispositivo legal do regime orçamentário de receita. Deve-se observar a Lei nº 4.320 e, ao mesmo tempo, os princípios fundamentais de contabilidade de competência, prudência, oportunidade e os demais princípios.

Deduções da receita pública

No processo de entradas e saídas é preciso ficar atento às deduções da receita pública. Se a receita pressupõe transferências, restituições, devoluções, descontos e outros abatimentos, não cabe tratá-los como despesa. São umas deduções de receita. Equivalem a recursos arrecadados que não pertencem e não se aplicam em programas e ações de governo, sob a ótica da responsabilidade do ente que arrecada. A contabilidade usa o conceito de conta redutora de receita, não de despesa. Isto enfatiza e evidencia o fluxo de recursos da receita bruta até a líquida, dadas em função das diversas operações econômicas e sociais. Na Lei Complementar nº 101/00 – LRF, a Lei de Responsabilidade Fiscal –, a metodologia de dedução de receita há também de ser aproveitada para demonstrar contabilmente a renúncia de receitas.

Sobretudo se faz a dedução de receita nas três situações seguintes:

- restituição de tributos recebidos a mais (também dito a maior) ou de forma indevida;
- recursos que o ente tem a competência de arrecadar, mas que pertence a outro ente, dada a lei em vigência;
- demonstrar de modo contábil a renúncia de receita.

Restituição de receita pública

A restituição corresponde a uma forma de devolução. Ela pode acontecer de duas maneiras:

- pela dedução da receita arrecadada no exercício corrente, quando inexistir descontinuidade de arrecadação da origem ou natureza respectiva de receita;
- pela apropriação de despesa orçamentária nos casos de restituições de receitas e que não se arrecadam a partir do exercício da restituição, sendo necessário fixar dotação para o pagamento dessas restituições na Lei Orçamentária Anual. Faz-se sempre a restituição de receitas recebidas no exercício por dedução da respectiva natureza de receita.

Na entrada de valores, é preciso ficar atento a um conjunto de passos que asseguram a classificação correta. Em geral, identificam-se seis passos, que em síntese seguem:

1º passo – identificar se o valor que entrou é orçamentário ou extraorçamentário;

2º passo – todo ingresso orçamentário é uma receita pública, logo, é preciso identificar as categorias econômicas da receita, classificando-a como corrente ou de capital;

3º passo – a receita corrente deve ser inserida numa das oito subcategorias econômicas da receita, a saber:

- tributária: advinda de impostos, taxas e contribuições;
- contribuições: advinda de contribuições sociais e econômicas;
- patrimonial: valores e receitas imobiliárias, concessões, permissões, outras;
- agropecuária: advinda de produção vegetal, animal, de derivados e d eoutras;
- industrial: advinda da indústria extrativa mineral, de transformação e de construção;
- serviços: de transporte, armazenagem,comunicação, e outros;
- transferências correntes: intergovernamentais, de instituições privadas, do exterior, de pessoas, de convênios e para o combate à fome;
- outras receitas correntes: multas, juros de mora, indenizações, restituições, dívida ativa, e outras.

4º passo – a receita de capital se divide em cinco subcategorias econômicas da receita, a saber:

- operações de crédito: internas e externas;
- alienação de bens: móveis e imóveis;
- amortizações de empréstimos: recebimento do valor principal de um empréstimo concedido;
- transferências de capital: intergovernamentais, de instituições privadas, do exterior, de pessoas, de convênios e para combate à fome;
- outras receitas de capital: receitas advindas da integralização de capital social, da remuneração de disponibilidades do Tesouro, e outras.

5º passo – as entradas extraorçamentárias são classificadas como um ingresso simples de recursos de terceiros em contrapartida às obrigações correspondentes;

6º passo – sendo o ingresso identificado como uma receita pública, após haver completado os cinco passos anteriores, é preciso verificar o intervalo de contas constante abaixo da fonte de receita. Este é um reconhecimento de ingressos.

> **COMENTÁRIO**
>
> O conceito de destino – para onde vai, em que se gasta – é fundamental em contas e finanças públicas. É imprescindível dispor da aprovação e da justificativa do destino. Destinar corresponde ao ato de reservar recurso para determinado fim e implica uso, emprego, alocação.

A destinação da receita pública é um processo através do qual os recursos públicos são vinculados a um dispêndio específico ou a uma aplicação de recursos, desde a previsão da entrada até efetivamente pagar-se a despesa ou conjunto de despesas de programas e ações de governo. A destinação é ou vinculada ou ordinária.

- Vinculada: quando a aplicação de recursos se faz para atender finalidades específicas determinadas pela legislação vigente.
- Ordinária: é o processo de alocação, sem maior definição de fonte total ou parcialmente vinculada, à aplicação de verbas que atendam objetivos gerais do ente.

Utiliza-se o mecanismo da codificação denominada para o controle das destinações de recursos – *destinação de recursos* (DR). Ela identifica se são ou não vinculados os recursos; sendo vinculados, indica sua finalidade. Ademais, identifica se o recurso é oriundo do Tesouro Nacional, Estadual ou Municipal; se couber inseri-lo no exercício corrente ou em exercícios anteriores e se é correspondente a contrapartidas de repasses, empréstimos e financiamentos. As destinações se dividem em primárias e não primárias, relevante conceito na realização do demonstrativo do resultado primário, integrante do relatório resumido da execução orçamentária, implementado pela Lei de Responsabilidade Fiscal (LRF).

- *Destinação primária* é a fonte primária ou aquela que está vinculada, oriunda de receita que não se assemelhe a endividamento ou desmobilização.
- *Destinação não primária* é a fonte oriunda de receita que possui características de endividamento ou de desmobilização.

Todos os entes da federação precisam adotar a metodologia de controle por destinação de recursos, posto que existem vinculações para eles. Cada um possui vinculações e elos próprios e devem existir especificações de fontes para esses destinos.

A destinação da receita interconecta todo o processo orçamentário-financeiro que vai da previsão da receita até a execução da despesa. Este mecanismo permite que se atenda à necessidade imperiosa de agir com transparência no dispêndio público e de controlar as fontes de financiamento das despesas. Tudo isso à luz dos dispositivos legais que determinam vinculações para as receitas.

O controle das disponibilidades financeiras por fonte de recursos há de ser realizado na hora da entrada, do compromisso e na saída dos recursos. Com a liquidação da despesa deve ser registrada a transferência de disponibilidade a ser usada quando do comprometimento das verbas. Na saída desse recurso há de ser adotado procedimento parecido, com o registro de baixa do saldo da conta de destinação comprometida e o lançamento na conta de destino usado. No começo de cada exercício social, o controle da disponibilidade deverá ser baixado.

> **LRF – LEI DE RESPONSABILIDADE FISCAL**
>
> A Lei Complementar nº 101/2000, ou Lei de Responsabilidade Fiscal, apresenta normas de finanças públicas destinadas à responsabilidade, a fim de realizar corretamente a gestão fiscal, além de providenciar outras. Neste âmbito, entenda-se que o orçamento é um ato e um exercício de previsão e projeção de receita e de fixação de despesa, leia-se de gastos, para um período, normalmente de um ano, e se constitui num documento essencial das finanças do Estado, assim como da contabilidade pública.

COMENTÁRIO

As transferências intergovernamentais incluem a entrega de recursos correntes ou de capital, de um ente para outro. Podem ser voluntárias – destinadas à cooperação, ao auxílio, ao socorro, à assistência, ao apoio – ou oriundas de determinações previstas na Constituição. Este é o caso do Fundo de Manutenção e Desenvolvimento do Ensino Fundamental (Fundef) e da Valorização do Magistério; do Fundo de Participações dos Estados (FPE); do Fundo de Participação dos Municípios (FPM) e do Distrito Federal (DF), entre tantos outros.

Bancos como o Banco da Amazônia S.A. (Basa), Banco do Nordeste do Brasil (BNB) e Banco de Desenvolvimento Econômico e Social (BNDES) possuem também recursos previstos de modo e forma constitucional. Isto lhes garante uma disponibilidade de recursos com destino certo para programas regionais, setoriais e, nos casos do Basa e do BNB, diretamente vinculados a projetos na Amazônia ou no Nordeste, respectivamente.

O Fundo de Participação dos Municípios (FPM) é uma transferência constitucional formada por 22,5% da arrecadação dos impostos sobre a renda e proventos de qualquer natureza e sobre produtos industrializados, considerada a Constituição Federal em seu artigo 159. Os coeficientes do FPM, exceto os municípios de capital, se calculam com base no número de habitantes de cada município e são revistos a cada ano.

Determina a Constituição Federal em seus artigos 157, inciso I, e 158, também inciso I, que pertencem aos estados, aos municípios e ao Distrito Federal, o imposto de renda e os proventos de qualquer natureza, incidentes na fonte, pagos por eles, suas autarquias e pelas fundações que mantiverem e instituírem. Esses valores deverão ser registrados e contabilizados como receita tributária, utilizando a natureza de receita 1112.04.30 – Retido na Fonte conforme Portaria STN nº 212, de 4 de junho de 2001.

Execução das despesas públicas

Segundo Aliomar Baleeiro (1994:42), a despesa pública corresponde "à aplicação de certa quantia, em dinheiro, por parte da administração pública após autorização legislativa para execução de uma finalidade que afeta o poder público. É aquilo que o Estado gasta para fazer funcionar os serviços públicos e atender o interesse público". As despesas possuem seis características:

- são umas aplicações;
- o acerto deve ser feito em moeda sonante;
- elas hão de ser sempre e preferivelmente antecedidas por uma previsão orçamentária;
- a despesa pública há de ser realizada por um ente público;
- a finalidade da despesa é de interesse público;
- a despesa há de seguir o regime de caixa.

Para o processo de execução das despesas públicas, o agente que dá a ordem, ou ordenador, precisa seguir as formas que seguem:

- empenho: após a autorização de pagamento de uma despesa específica, o ordenador reserva e guarda recursos em dotação própria;
- liquidação: é quando se determina o montante da dívida que será paga e liquidada;
- pagamento: ocasião em que se entrega ao credor o valor que diz respeito ao seu crédito para que ocorra a quitação da obrigação assumida e declarada, reconhecida pelo ente público.

Existe um amplo conjunto de entendimentos sobre o que sejam as despesas e sua classificação. Elas podem ser vistas:

- quanto à forma de utilização em despesa de compra e despesa de transferência;

- quanto à duração em despesas ordinárias, comuns do orçamento, rotineiras; extraordinárias, não antes previstas no orçamento, usadas para atender demandas súbitas ou urgentes, como de calamidade pública; especiais, que podem ocorrer, mas não se sabe quando, como as de desapropriações;
- quanto à natureza, associadas aos três diferentes níveis de governo – federal, estadual ou municipal;
- quanto à extensão – despesa interna no território do ente que fez o orçamento e despesa externa, ocorrida fora do território do ente que montou o orçamento.

A despesa de pessoal faz parte das despesas correntes e sua gestão fiscal está atendida nos artigos 163 e 169 da Constituição Federal e na Lei de Responsabilidade Fiscal – LC nº 101/2000. Existem limitações quanto ao uso de recursos em despesas de pessoal. Desta forma, as limitações são:

- Em nível federal, 50% das receitas líquidas da União podem ser gastos com despesa de pessoal – logo se tem um teto de máximo;
- 60% das receitas líquidas de cada estado-membro ou município podem ser empenhadas em pessoal – só até 60%.

COMENTÁRIO

O importante é que exista produtividade de mão de obra e que sua contratação se justifique. Os benefícios ou lucros gerados com a mão de obra devem ser positivos, de tal sorte que as receitas e os benefícios marginais com a contratação de cada funcionário público superem na margem os custos. E não pode existir empréstimo ou financiamento para o suprimento de gastos de pessoal. Endividar-se para pagar salários e aumentar a folha de pagamentos não faz sentido e representa uma temeridade em gestão de recursos.

Cada conta de despesa pública há de ser apreciada dessa forma. Isso permite que se listem e identifiquem os requisitos da despesa pública:

- utilidade – que seja da máxima utilidade;
- possibilidade contributiva – que contribua a favor da imensa maioria da população;
- discussão pública – que a despesa seja bem identificada e se comprove sua real necessidade, mediante debates, votações, plebiscitos, de forma a dar legitimidade à saída de caixa;
- oportunidade – que exista o senso de que o gasto é oportuno, acontece no momento e na hora certa, em face de outras demandas que existem e que serão menos atendidas ou postergadas;

- legitimidade – que seja legítima a despesa, ou seja, que seja justa, correta, coerente, aprovada pela maioria;
- legalidade – que seja aprovada nas ordens da lei, dispondo de regulamentação apropriada que seja possível de checar e de auditar.

O descumprimento de leis, normas, portarias, decretos e atos aprovados pelo Legislativo e pelo poder público pode levar o administrador público a sanções administrativas e penais.

Capítulo 3

Demonstrativos financeiros

Neste capítulo veremos que o estudo dos demonstrativos financeiros das entidades públicas tem o objetivo de conhecer, definir e estabelecer as demonstrações contábeis associadas à contabilidade governamental, assim como sua estrutura e utilização na gestão pública sob a égide da Lei de Responsabilidade Fiscal.

Estudo dos demonstrativos financeiros

CONCEITO-CHAVE

O estudo dos demonstrativos financeiros visa quantificar onde se aplicou o recurso, de onde veio e se houve boa aplicação de verbas. A eficiência na gestão dos recursos é vital, sob as óticas econômico-financeiras e administrativas.

Cada balanço público possui sua estrutura específica e focaliza os itens principais, com vistas a chegar a um resultado final que permite a análise bem consubstanciada das demonstrações contábeis. Neste contexto, são objetivos específicos:

- descrever a importância e os principais conceitos correlatos à contabilidade governamental;
- apresentar e analisar os demonstrativos contábeis de dada entidade governamental;
- promover a abordagem mediante índices, indicadores, taxas de variação e afins de relações aplicáveis à administração pública para sua avaliação e compreensão evolutiva;
- sustentar, caso haja coerência nos dados, nas informações e nos demonstrativos, análises para a tomada de decisões e o apontamento de alternativas de evolução de políticas públicas.

Na esfera pública, utilizam-se quatro tipos de balanços:

- orçamentário;
- financeiro;
- patrimonial;
- demonstração das variações patrimoniais.

Para fundamentar análises, tirar conclusões e facilitar decisões, o ideal é fazer as análises horizontais, verticais e através de índices, pois estas preveem a evolução ou involução de uma mesma variável no tempo. As análises verticais geram taxas de participação de variáveis umas em face das outras, para uma mesma data ou ano.
Os índices relacionam diferentes variáveis para estipular situações como as de rotação, alavancagem, participação, efeitos cruzados e afins.

Os fatos administrativos que acontecem na administração pública visam oferecer dados referentes a:
- organização e forma de execução dos orçamentos;
- normas para o registro das entradas, ou seja, receitas;
- normas para o registro de desembolsos, ou seja, saídas, ditas despesas;
- o registro, o controle e o *follow-up* (acompanhamento) das variações ocorridas no patrimônio do Estado;
- normas que facilitem a prestação de contas daqueles que são responsáveis por bens e valores;
- normas que engendrem a prestação de contas do governo;
- otimização do controle de custos e eficiência do setor público.

O patrimônio e o orçamento dos órgãos e das entidades que fazem parte da administração pública são objetos da contabilidade. Conforme o artigo 66 do Código Civil, bens públicos são aqueles de:
- uso comum da população, como os mares, rios, estradas, ruas, avenidas e praças;
- uso especial, como edifícios, infraestruturas diversas e terrenos aplicados a serviço de estabelecimentos federais, estaduais ou municipais;
- usos dominicais, que fazem parte do Patrimônio da União, dos estados ou municípios, como objeto de direito pessoal ou real de cada uma dessas organizações.

> **COMENTÁRIO**
> Há uma diferença entre patrimônio público e contábil. Os bens de utilização pública não fazem parte do patrimônio contábil que constitui o objeto de contabilização que está correlacionado ao patrimônio do órgão como condição fundamental de sua existência.

As mais importantes leis que orientam as finanças públicas de todos os níveis e esferas de governo são a Lei nº 4.320/64 e a Lei Complementar nº 101/00.

Com relação ao planejamento de governo, a Constituição de 1988 determina no art. 165 que as leis de iniciativa do Poder Executivo definirão e estabelecerão:

- o plano plurianual (PPA);
- as diretrizes orçamentárias (DO);
- os orçamentos anuais (OA).

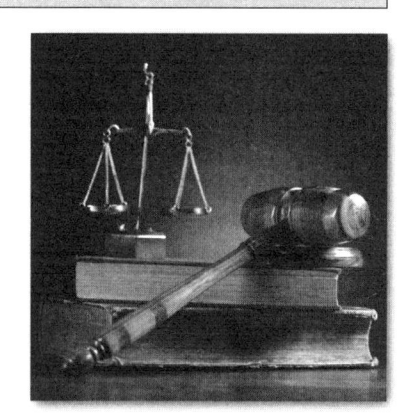

Cabe ao PPA estabelecer diretrizes, metas e objetivos para as despesas de capital e outras; assim como as referentes aos programas fixados para um prazo de quatro anos. Já a Lei de Diretrizes Orçamentárias (LDO) visa orientar a elaboração dos orçamentos anuais, para que se adequem às diretrizes, metas e objetivos declarados no plano plurianual. No entanto, para que estas ferramentas funcionem, é preciso existir um plano de contas, que corresponde a uma relação, a mais completa possível, das contas que se fazem necessárias para a demonstração dos elementos patrimoniais, o que na contabilidade de governo permite uma apresentação ordenada dos seguintes elementos:

- estágios das receitas e das despesas;
- entradas e saídas de recursos financeiros;
- fatos contingentes e aleatórios que tenham afetado o patrimônio;
- registro de fatos, situações e operações que não geram alterações patrimoniais.

Pela amplitude das contas públicas, sua dimensão e valor, visando resolver inúmeras áreas de demanda por bens e serviços públicos, faz sentido pensar num sistema integrado de receitas e despesas com uma lógica e fluência na evolução dinâmica das contas que mostre com acuidade o que recebe e de onde. Logo, subsistemas orçamentários, financeiros, patrimoniais, de compensação de títulos e papéis e de contas dependentes, independentes e interdependentes hão de se combinar e estabelecer adequadamente. Sob esta ótica, entenda-se que:

- o subsistema orçamentário controla todas as receitas e despesas que são movimentadas em função da lei orçamentária;
- o subsistema financeiro controla o movimento financeiro da fazenda pública ao registrar recebimentos e pagamentos, orçamentários e extraorçamentários, e fazer a demonstração das disponibilidades ou demandas existentes no princípio e no fim de cada exercício;
- o subsistema patrimonial registra todo aquele conjunto de movimentos que acontece em função da própria execução orçamentária e financeira;
- o subsistema de compensação considera as contas com função específica de controle, associadas com as situações não incluídas no patrimônio e que podem afetá-lo.

O sistema integrado de controle interno há de ser útil como *accountability*, transparência e prestação de contas de recursos públicos (Gomes, 1999).

ACCOUNTABILITY

Accountability há de ser entendida como responsabilidade, imputabilidade, uma obrigação pela qual alguém responde pelo que faz. A rigor, equivale a uma importante obrigação dos agentes do Estado. Estes devem responder pelas suas decisões, ações, erros e omissões, o que se entende como um processo universalmente aceito e consagrado como norma estabelecida nos países desenvolvidos. *Accountability* corresponde, portanto, à obrigação que a organização tem em prestar contas pelos resultados obtidos, explicando-os, dadas as responsabilidades que sucedem numa delegação de poder. Há duas formas de se situar a *accountability* quanto às suas esferas de ação: as *accountabilities* verticais – que envolvem a sociedade em relação ao Estado; e as *accountabilities* horizontais, que relacionam um setor a outro da esfera pública.

Uma vez estabelecidos os sistemas, modelos, conceitos e definições, pode-se avançar na direção da descrição dos conteúdos dos demonstrativos financeiros respondendo sobre o que eles se compõem e quais são suas principais contas.

DICA
É sobre os demonstrativos financeiros e essas contas que o gestor financeiro público se fixa. Cabe a ele acompanhá-las; ver se de fato os dados correspondem à realidade. Portanto, se são verdadeiros; se aquilo que se previu foi real e efetivamente foi parar no destino previamente combinado; e se existem ou aparecem desvios e incoerências, estando pronto a explicar o porquê deles.

O balanço orçamentário deve incluir a especificação da receita e seu detalhamento e discriminação, de tal sorte que obedeça ao esquema que segue, de acordo com o determinado pelo artigo 11, §4º da Lei nº 4.320/64:

RECEITAS CORRENTES
RECEITA TRIBUTÁRIA
Imposto
Taxa
Contribuições de melhoria
Receita de contribuições
Receita patrimonial
Receita agropecuária
Receita industrial
Receita de serviços
Transferências correntes
Outras receitas correntes

RECEITAS DE CAPITAL
Operações de crédito
Alienações de bens
Amortização de empréstimos
Transferência de capital
Outras receitas de capital

Decorre que as receitas correntes se classificam em:
- receita tributária (oriunda de tributos, impostos, a mais importante);
- receita de contribuições;
- receita patrimonial;
- receita agropecuária;
- receita industrial;
- receita de serviços;
- transferências correntes;
- outras receitas correntes.

Receitas correntes são aquelas que se destinam a atender as despesas classificadas como correspondentes. A rigor, uma deveria cobrir a outra, sendo preferível que as receitas superem as despesas. Já as receitas de capital são oriundas da realização de recursos financeiros provenientes da constituição de dívidas, da conversão em espécie, em dinheiro de bens e direitos; os recursos recebidos de outras pessoas, de direito público ou privado, com a meta de satisfazer as despesas que se classificam como despesas de capital e o superávit do orçamento corrente. Isto está no §2º do artigo 11 da Lei nº 4.320/64. As tabelas 1 e 2 mostram as receitas a serem trabalhadas e levantadas, dando espaço a duas análises importantes e comuns em finanças: vertical (AV) e horizontal (AH).

TABELA 1

RECEITAS PÚBLICAS	2009	AV%	2010	AV%
Receitas correntes				
Receitas tributárias				
Receita patrimonial				
Receita agropecuária				
Receita industrial				
Receita de serviços				
Transferências correntes				
Outras receitas correntes				
Receitas de capital				
Operações de crédito				
Alienação de bens				
Amortização de empréstimos				
Transferência de capital				
Outras receitas de capital				
Total de receitas				

TABELA 2

RECEITAS PÚBLICAS	2009	AH%	2010	AH%
Receitas correntes				
Receitas tributárias				
Receita patrimonial				
Receita agropecuária				
Receita industrial				
Receita de serviços				
Transferências correntes				
Outras receitas correntes				
Receitas de capital				
Operações de crédito				
Alienação de bens				
Amortização de empréstimos				
Transferência de capital				
Outras receitas de capital				
Total de receitas				

A análise vertical se processa pela divisão de uma subvariável por outra variável maior, normalmente um valor agregado, um totalizador, do mesmo ano. Surge então uma taxa de participação, que mostra o grau de importância que possui essa subvariável em face do totalizador. Quanto mais próximo de 1, ou seja, de 100%, tanto maior será a taxa de participação dessa subvariável. A análise horizontal se realiza pela análise evolutiva, seja nominal, seja real, de uma única subvariável ou variável ao longo do tempo. Valores positivos, maiores que zero, indicariam crescimento, valores negativos indicariam decréscimo, involução. No processo usual de controle de contas públicas, por bom senso, o que se deseja é que, com o passar do tempo, as receitas cresçam positivamente e, de preferência, até um pouco mais que as despesas.

> **COMENTÁRIO**
>
> Quando um país, um estado, um município, ou a demanda por bens e serviços públicos cresce, é de se esperar que as despesas aumentem. Trata-se então de controlar sabiamente, com racionalidade, as despesas, sem deixá-las serem abusivas, descontroladas, injustificadas ou desatreladas à expansão das receitas. Portanto, é normal que as despesas aumentem quando cresce a população e existe demanda expansiva por bens públicos. Mas as despesas hão de ser correlacionadas às receitas, para evitar-se o déficit, a iliquidez e a falta de caixa, desobrigando a tesouraria a encontrar soluções desgastantes, como o aumento de impostos, o atraso de pagamentos, a tomada de empréstimos (que cobram juros, e no Brasil eles são recorde) e afins.

As despesas correntes se constituem nas saídas de caixa que acontecem por conta de gastos de natureza operacional feitos pelas entidades públicas para sua manutenção, funcionamento, operacionalização, de tal forma que "a máquina pública opera, faz, produz e acontece" (Kasznar, 2008:32). Assim, o controle das despesas e sua justificativa são fundamentais.

Primeiro vêm a fonte, a receita, a capacidade de demonstrar que se é capaz de pagar por algo e, em seguida, depois de calculada e medida, vem a despesa. Classificam-se as despesas correntes em:

- despesas de custeio;
- transferências correntes.

> **LIQUIDEZ**
>
> A iliquidez corresponde à falta de liquidez, de numerário, logo, de dinheiro. Diz-se que uma empresa está ilíquida quando ela não possui recursos financeiros em caixa para saldar seus passivos, suas dívidas. É objetivo organizacional ter, fazer e manter a liquidez. Ter saldo em conta-corrente; ter caixa positivo; obter mais receitas do que despesas. Isso é um conjunto de situações e medidas que necessita ser praticado no dia a dia, ano a ano, para assegurar a sobrevida, a evolução e a saúde financeira dos entes do governo e das empresas.

> **COMENTÁRIO**
>
> Não existe produto ou serviço público sem gasto, sem saída, sem despesa. Mas monitorar, acompanhar, controlar e estabelecer parâmetros prévios, para que os gastos sejam bem-feitos, justificados e realmente produzam bem-estar à população, é fundamental.

Ao lado das despesas correntes, surgem as despesas de capital, cuja meta é a geração e criação de mais e novos bens de capital ou a compra e aquisição de bens de capital que já estão em uso – tal como acontece em investimentos e inversões financeiras, respectivamente, que em geral serão compostos de incorporações ao patrimônio público de forma efetiva ou através de mutação patrimonial. As despesas de capital se classificam conforme segue:

- investimentos;
- inversões financeiras;
- transferências de capital.

Em macroeconomia e contas nacionais, para tecer um paralelo, define-se o investimento (I) como a formação bruta de capital fixo (FBCF) somada à variação líquida dos estoques (VLE). Logo, tem-se que: I = FBCF + VLE. O Estado e as organizações governamentais têm de destinar parte de seus recursos para novos projetos, novas expansões, mais capacidade produtiva e de oferta. Desta forma, é de se esperar que se destine uma parte das poupanças, dos recursos arrecadados, para a criação de mais infraestrutura, pesquisa, ciência e tecnologia, e afins, o que corresponde a investimentos e mobiliza positivamente a oferta de bens e serviços públicos no futuro.

Os estoques podem ser de tipos variados – de matérias-primas, de semimanufaturados e de produtos acabados (os manufaturados finais são os mais comuns). Ademais, as firmas possuem estoques de produtos de manutenção. Dado o custo de aquisição e de manutenção de estoques, cabe comprar e gerenciar lotes econômicos. Minimizar estoques é relevante, posto que eles correspondem a um tipo de capital que está parado, não circula necessariamente e incorre num custo de oportunidade do capital. Portanto, a menos que exista formação de estoques com fins especulativos, prevendo-se o aumento de seus preços em perspectivas futuras, o que poderia gerar economias em compra a presente e venda a preço superior no futuro, é de se esperar a minimização dos estoques.

> **COMENTÁRIO**
>
> Na era do *just in time* (lema que prega que o produto ou estoque exista e venha na hora certa); do *real time* (da entrega em tempo real, quando o cliente ou usuário precisar e quiser); do *at time* (do horário com entrega certa), faz sentido minimizar estoques e praticamente vê-los zerados, mantendo, talvez, apenas um pequeno valor para segurança e prevenção.

A portaria STN nº 447 de 13 de setembro de 2002 possui a finalidade de definir para a União, os estados federativos, os municípios e o Distrito Federal os conceitos, as regras e os procedimentos contábeis para fazer o registro de transferências de recursos intergovernamentais, com vistas a serem compatibilizadas as receitas com as despesas, para finalidade de consolidação das contas públicas do Brasil. As citadas informações são disponibilizadas pelo pior beneficiário – seja estado, seja município – numa base mensal, no prazo de até cinco dias úteis após o correspondente e respectivo fechamento, no Siafi, do mês em que acontecer a despesa.

O balanço financeiro é outra ferramenta fundamental para a correta e séria gestão das contas públicas. Corresponde ao movimento financeiro usualmente ocorrido entre 1º de janeiro e 31 de dezembro de cada ano, e nele estão incluídas todas as operações relativas às operações orçamentárias, assim como aquelas que resultem em débitos e créditos de natureza financeira, que não estejam compreendidas na execução orçamentária.

JUST IN TIME (JUSTO NO TEMPO CERTO)
"O material chegou justo a tempo, mal ficou em estoque".

REAL TIME (EM TEMPO REAL)
Chega na hora mesmo, quando realmente se precisa.

AT TIME
O material chegou em tempo, pode haver até uma certa folga e disponibilidade. O bom é que está lá e à disposição, logo, não vai faltar.

TABELA 3: BALANÇO FINANCEIRO

RECEITA				DESPESA			
Títulos	R$	R$	R$	Títulos	R$	R$	R$
ORÇAMENTÁRIA				**ORÇAMENTÁRIA**			
Receitas correntes				Legislativa			
Receita tributária				Judiciária			
Receita patrimonial				Administração e planejamento			
Receita industrial				Agricultura			
Transferências correntes				Comunicações			
Receitas de capital				Defesa nacional e segurança pública			
EXTRAORÇAMENTÁRIA				Desenvolvimento regional			
Restos a pagar (contrapartida da despesa a pagar)				Educação e cultura			
				Energia e recursos minerais			

Serviço da dívida a pagar (contrapartida da despesa a pagar)			Habitação e urbanismo, indústria, comércio e serviços			
Depósito			Relações exteriores			
Outras operações			Saúde e saneamento			
SALDO EXERCÍCIO ANTERIOR			**EXTRAORÇAMENTÁRIA**			
Disponível			Restos a pagar (pagos no exercício)			
Caixa			Serviço da dívida a pagar (pago)			
Bancos e correspondentes			Depósito			
Exatores			Outras operações			
Vinculado em C/C bancária			**SALDO PARA EXERCÍCIO SEGUINTE**			
			Disponível			
			Caixa Bancos e correspondentes			
			Exatores			
			Vinculado em C/C bancária			
TOTAL			**TOTAL**			

Outra ferramenta essencial do gestor financeiro público é o balanço patrimonial, no qual estão incluídas as contas do ativo, do passivo e do patrimônio líquido. Esse balanço é dividido de acordo com o artigo 105 da Lei nº 4.320/64, da seguinte forma:

- ativo financeiro;
- ativo permanente;
- passivo financeiro;
- passivo permanente.

O diferencial existente entre o ativo e o passivo indica o patrimônio líquido e pode apresentar situações diversas, entre elas, a saber:

- saldo patrimonial positivo ou ativo real líquido, que sucede quando o ativo (A) é maior que o passivo (P), ou A > P;
- saldo patrimonial negativo ou passivo a descoberto, que sucede quando o ativo (A) é menor que o passivo (P), ou P > A;
- saldo patrimonial zerado ou nulo, que transfere uma sensação de equilíbrio contábil aparente e que decorre da igualdade entre ativo (A) e passivo (P), ou A = P.

TABELA 4: BALANÇO PATRIMONIAL

Títulos	$	$	$	Títulos	$	$	$
ATIVO FINANCEIRO				**PASSIVO FINANCEIRO**			
Disponível				Restos a pagar			
Caixa				Serviços da dívida a pagar			
Bancos e correspondentes Exatores				Depósitos			
Vinculado em C/C bancárias				Débitos de tesouraria			
Realizável				**PASSIVO PERMANENTE**			
ATIVO PERMANENTE				Dívidas fundadas internas:			
Bens móveis				Em títulos			
Bens imóveis				Por contratos			
Bens de natureza industrial				Diversos:			
Créditos				Soma do passivo			
Valores diversos				**SALDO PATRIMONIAL**			
Saldo ativo real				Ativo real líquido			
SALDO PATRIMONIAL				Soma			
Passivo real descoberto				**PASSIVO COMPENSADO**			
Soma				Contrapartida de valores			
ATIVO COMPENSADO				em poder de terceiros:			
Valores em poder de terceiros:							
Valores emitidos:				Contrapartida de valores nominais emitidos:			
Diversos:				Diversos:			
TOTAL GERAL				**TOTAL GERAL**			

A quarta ferramenta relevante é a demonstração das variações patrimoniais, de acordo com o Anexo nº 15 da Lei nº 4.320/64. Sua serventia é a de apurar o resultado patrimonial do período, que evidentemente é positivo, negativo ou nulo (tabela 5).

TABELA 5: DEMONSTRAÇÃO DAS VARIAÇÕES PATRIMONIAIS

VARIAÇÕES ATIVAS				VARIAÇÕES PASSIVAS			
Títulos	$	$	$	Títulos	$	$	$
RESULTANTES DA EXECUÇÃO ORÇAMENTÁRIA				**RESULTANTES DA EXECUÇÃO ORÇAMENTÁRIA**			
RECEITA ORÇAMENTÁRIA				**DESPESA ORÇAMENTÁRIA**			
Receitas correntes				Despesas de custeio			
Receitas tributárias				Transferências correntes			
Receitas da contribuições				Despesas de capital			
Receita patrimonial				Investimentos			
Receita agropecuária				Inversões financeiras			
Receita industrial				Transferências de capital			
Receita de serviços							
Transferências correntes							
Outras receitas correntes							
Receitas de capital							
Operações de crédito							
Outras receitas de capital							
MUTAÇÕES PATRIMONIAIS				**MUTAÇÕES PATRIMONIAIS**			
Aquisições de bens móveis				Cobrança da dívida ativa			
Construção e aquisição de bens imóveis				Alienação de bens e móveis			
Construção e aquisição de bens de natureza industrial				Alienação de bens e imóveis			
Aquisição de títulos de valores				Alienação de bens de natureza industrial			
Empréstimos concedidos				Alienação de títulos de valores			
Diversas				Empréstimos tomados			
Total				Recebimento de créditos			
				Diversas			
Total				Total			
INDEPENDENTES DA EXECUÇÃO ORÇAMENTÁRIA				**INDEPENDENTES DA EXECUÇÃO ORÇAMENTÁRIA**			
Inscrições da dívida ativa				Cancelamento de dividas passivas			
Inscrições de outros créditos				Diversas			
Incorporação de bens (doações, legados etc.)							

Cancelamento de dívidas passivas						
Diversas						
Total de variações ativas			Total de variações passivas			
RESULTADO PATRIMONIAL			**RESULTADO PATRIMONIAL**			
Déficit verificado (se for o caso)			Superávit verificado (se for o caso)			
TOTAL GERAL			**TOTAL GERAL**			

Em princípio, em uma economia desenvolvimentista e na qual exista uma taxa positiva de crescimento da população, a demanda por bens e serviços públicos aumenta e evolui. Logo, faz sentido e é saudável que o Estado se expanda. Um Estado pequeno, que investe pouco em si ou que possui uma sociedade que o minimiza, se atrofia. E assim se torna ineficiente. Estados eficientes modernos precisam expandir-se, e é por conta disso que se justifica uma positiva variação patrimonial intertemporal. Isto há de ser correlacionado à capacidade de expansão da máquina pública em face da capacidade contributiva do setor privado. As demandas públicas podem ser altas, mas se não se forma poupança, capital, lucro e confiança no setor privado, a expansão do setor público também se arrefece e pode estancar. É por isso que as contas públicas precisam ser estáveis, equilibradas, transparentes e de preferência crescentes. Mas elas se ligam umbilicalmente às contas do setor privado, que para sobreviver e evoluir precisa apresentar resultados lucrativos e responsáveis socialmente.

Para afirmar que o Estado vai bem, ou se expande adequadamente, é preciso harmonizar a economia como um todo, em suas duas componentes umbilicalmente ligadas: a economia e o PIB (produto interno bruto) do setor público com a economia e o PIB do setor privado. É essencial que o capital seja produtivo e gerador de benefícios sociais mensuráveis no setor público e, da mesma forma, que no setor privado venha a ser lucrativo.

Em função destas necessidades vitais, sistêmicas da economia, setoriais do público e do privado, as ferramentas apresentadas devem ser estudadas, analisadas e interpretadas tanto no plano individual quanto nos planos sistêmico, integrado, interativo e de causas e consequências. Não há departamentos estanques em finanças e em alocação de recursos e fatores de produção, que são escassos em países em vias de desenvolvimento e, sobretudo, para aquela fatia da população que vive em regime de desigualdade socioeconômica.

Os indicadores contábeis, econômicos e financeiros ajudam a entender o que precisa ser feito nos planos macro e micro, para melhorar a alocação de recursos e dar maior produtividade ao capital financeiro sob a ótica desta disciplina.

Definição e análise de índices financeiros

As tabelas anteriores servem para ordenar o estado previsto ou ocorrido das contas financeiras públicas. Assim, cabe ao gestor e analista decifrar o significado e o conteúdo dos dados disponíveis; fazer relações e inter-relações entre as variáveis; estabelecer assuntos e situações que mereçam atenção; identificar situações boas, neutras ou más, tudo isto com a finalidade de chegar a conclusões técnicas que permitam tomadas de decisões adequadas, aprimoradas e bem-justificadas.

Das tabelas em si podem ser retiradas percepções gerais e específicas. As percepções ditas gerais contemplam o todo do quadro. As ditas específicas esmiúçam cada rubrica, cada item, um a um, caso a caso. A seguir, faremos a análise por meio de indicadores que em geral relacionam e cruzam variáveis e dados de uma mesma tabela, ou de outras tabelas.

> **COMENTÁRIO**
> O uso de índices e de indicadores é amplamente difundido. É preciso escolher bem entre eles, pois a feitura e a criação de índices e indicadores são fáceis. O difícil é ter certeza de que um ou mais indicadores foram bem escolhidos, ou apresentam adequadamente uma realidade.

Em princípio, bons indicadores devem atender a certas características:

- fortemente explicativos em relação ao que pretendem mostrar, interpretar;
- fáceis de obter e de montar;
- fáceis de entender;
- fáceis de reproduzir empiricamente;
- independentes entre si, para não se sobreporem e gerarem multicolinearidade;
- vinculados a estatísticas e dados disponíveis regularmente, sem corte ou desaparecimento das séries históricas;
- bem-definidos e com metodologia de levantamento transparente, que facilite a compreensão dos analistas.

A principal diferença entre indicadores usados no setor público, em face do setor privado, é provavelmente aquela que diz respeito ao uso dos indicadores de retorno.

Empresas competitivas, que atuam no mercado, produzem bens que se privatizam e geram benefícios aos seus proprietários, que almejam lucros. Faz sentido que se utilizem indicadores de lucratividade e de retorno. Empresas públicas nem sempre darão lucro, a menos que sejam estatais do setor real, produtivo, como de áreas de energia, mineração, ou exploração de recursos naturais não renováveis. Neste caso se encontram entes que visam à educação geral, à saúde de toda a população ou à segurança. Nesses casos, visa-se à geração máxima de benefícios à comunidade, e não lucros.

> **EXEMPLO**
>
> Os indicadores passam a ser outros, de tipos diferentes. Faz sentido definir se o índice de alfabetização expandiu-se ou arrefeceu; assim como o de escolaridade; de evasão escolar; ou de horas-comparecimento às aulas, no caso da educação. Também faz sentido procurar saber se aumentou ou diminuiu o número de internações hospitalares em geral e por tipos de doenças; a expectativa de vida; a taxa de mortalidade; o grau de erradicação de doenças, no geral e uma a uma. Na área de segurança pública, entre numerosos indicadores, caberia levantar a taxa de mortalidade por assaltos; o número de assaltos coibidos; o número de bandidos presos; ou o grau de aumento ou redução de atos violentos. Portanto, o que se visa no setor público frequentemente é o benefício, o ganho geral, que possui e recebe suporte de verbas públicas, com a finalidade de fazer o bem a todos. Na saúde, o melhor dos bens pode ser a erradicação total das doenças que antes afligiam a população, com o decorrente fechamento de uma área hospitalar, ou de hospitais inteiros, por falta de pacientes e doentes. É um sucesso erradicar o sarampo, a paralisia infantil, a tuberculose ou a coqueluche. Nessa hora, o bem da ação pública é ter acabado com a doença e os males que ela provoca à comunidade.

Antes de levantar, montar, estruturar e ter indicadores oriundos de quadros como os anteriores, assim como de balanços e de orçamentos, cabe definir exatamente o tipo de organização com a qual se lida a fim de determinar adequadamente os indicadores que fazem sentido, caso a caso.

Para empresas estatais produtivas, que atuam com concorrentes do setor privado e hão de investir pesadamente para se manterem no mercado, faz sentido o uso de indicadores financeiros iguais aos do setor privado. Então, o uso de indicadores de rentabilidade (sobre lucros), de endividamento, de liquidez, de giro e de alavancagem se faz necessário.

Para empresas públicas que lidam com bens públicos puros e semipuros, onde a meta de suprimento é abranger a população total e não criar regime de exclusividade no uso e absorção do bem por um indivíduo ou grupo limitado, faz sentido aprofundar-se nos resultados e benefícios socioeconômicos e de setor gerados pelo capital empatado nessa atividade, ou na dita restrição orçamentária.

A seguir, vê-se um conjunto usual, não exaustivo, de indicadores financeiros, utilizados normalmente no setor público:

ILC = (AC / PC)
Corresponde ao índice de liquidez corrente, que relaciona o ativo circulante com e sobre o passivo circulante. Quando AC>PC, o coeficiente é maior que um e diz-se haver liquidez na empresa. Ela cobre com seus ativos circulantes os seus passivos e possui cobertura de curto prazo. É importante ter e manter uma boa liquidez. Por outro lado, uma liquidez muito alta pode indicar disponibilidades excessivas; falta de visão para investimentos; protelação de projetos e outros problemas, sobre os quais o gestor há de ficar a par e ciente a fim de tomar as medidas necessárias.

ILS = (AC - E / PC)
Corresponde ao índice de liquidez seca, que subtrai do ativo circulante o valor dos estoques e é dividido pelo passivo circulante. Se os estoques não saem, ou não se vendem, ou criam uma fixidez momentânea que não gera caixa, de fato, afetam a liquidez da empresa. Então, ao serem retirados do circulante, descobre-se melhor qual é a real disponibilidade de caixa para fazer face às posições passivas.

ILI = (Disponibilidades + contas vinculadas) / Passivo financeiro
Corresponde à verificação de quanto por cento do passivo financeiro é coberto por recursos disponíveis imediatamente em tesouraria. Quanto mais alto for este percentual, tanto melhor será, em tese.

ISFL = (AF – PF) / RT
Corresponde ao índice da situação financeira líquida, dada pela diferença entre o ativo financeiro e passivo financeiro sobre as receitas totais. Espera-se que AF > PF, com o que existe de liquidez sobre as receitas, o que gera conforto à organização. Vice-versa, se o resultado é negativo, superando o passivo financeiro os ativos, existe um furo de caixa sobre as receitas, que quanto maior, mais estressará a empresa e requisitará medidas de aumento de vendas, redução de custos, captação de mais verbas de arrecadação ou via empréstimos, entre outras medidas afins.

ICA = Índice de comportamento da arrecadação = (RA – RP) / RP
Equivale à diferença entre receitas arrecadadas em face das receitas previstas, sobre as receitas previstas. Para não haver desvios e descontroles, seria bom que RA = RP (ou seja, a expressão daria zero). O comportamento das arrecadações, portanto, seria neutro. E para se ter algum superávit, deseja-se e visa-se em geral que RA > RP, logo, que se arrecade mais que o previsto, o que gera sobras de caixa.

ICED = Índice de comportamento da execução das despesas

Ou expressão dada por (Despesas realizadas – Despesas previstas) / Despesas previstas. Obtém-se a expressão: (DR – DP) / DP.

COMENTÁRIO

O ideal é que o previsto e orçado seja realizado, que o valor projetado e estimado, dito previsto, aconteça. Neste caso, DR = DP e se houve provisão adequada de verbas, o erário cobriu a contento, corretamente, as contas públicas.

Cada despesa prevista e que se deseja aprovar deve ter uma fonte de receita, de arrecadação, de provimento real, que assegura o bom pagamento e não provoca déficit nas contas públicas. Logo, despesas realizadas hão de ser atreladas a receitas realizadas, efetivadas e dirigidas à cobertura da despesa claramente identificada e aprovada pelas autoridades competentes. O ideal é não pendurar dívidas a futuro.

Uma atitude de gasto sem cobertura de receita, de dispêndio sem justificativa e verba, é temerária, não profissional e carece de responsabilidade. Portanto, cabe ao gestor público a grande responsabilidade de trabalhar com um orçamento prévio bem detalhado, aprovado pelo poder competente legislativo, que lhe permita casar corretamente – após assegurar verbas, dotações, receitas, arrecadações – as despesas e os gastos de custeio e de investimento que existirem. Primeiro vem a verba e a capacidade de provê-la. Somente então, em segundo lugar, vem a despesa, a saída.

O IRP é o índice de rentabilidade sobre o patrimônio líquido, dado pela expressão LL/PL, lucro líquido sobre patrimônio líquido. Em empresas estatais produtivas, que geram e vendem bens e serviços privados, ou privatizáveis, este indicador e seus derivados fazem muito sentido.

Naturalmente, no setor privado afirma-se que a meta é maximizar esta taxa de retorno, que LL se maximize em comparação com o patrimônio. No setor público, onde prevalecem a responsabilidade social, o bem-estar a favor do cidadão e a geração de balanços sociais positivos, pode-se pensar tanto na maximização dos lucros e retornos quanto na otimização de uma "taxa de retorno socioeconomicamente justa", que defenda os interesses da empresa, que precisa existir e reinvestir; e dos cidadãos, sem que estes tenham a sensação de perda ou de lassidão na gestão das verbas e instituições públicas. Em empresas de mercado, nas quais as vendas são vitais e a taxa de participação de mercado é determinante, são relevantes os indicadores LL AIRJ/PL e LL AIRJ/RT. Visa-se alto coeficiente entre lucros após imposto de renda e juros sobre o patrimônio líquido (de preferência ajustado e atualizado), e/ou LL AIRL sobre as receitas totais (vendas ou dotação orçamentária).

Quadros financeiros gerenciais – Interpretação e análise

Os quadros financeiros gerenciais que seguem têm como objetivo:

- mostrar quadros utilizados no dia a dia, no ano a ano, na esfera das finanças públicas e da contabilidade pública;
- ilustrar com dados as mais significativas rubricas;
- apresentar as mais importantes expressões contábeis, pelas somatórias, subtrações, divisões existentes;
- chamar atenção a situações diversas;
- preparar o leitor para os exercícios.

Naturalmente, serão feitos comentários sucintos, cabendo a cada leitor a tarefa de analisar com acuidade cada tabela, quadro ou gráfico, para deles extrair dados e informações que levem a conclusões analíticas.

Exemplo 1

A tabela 6 apresenta as principais rubricas e contas de receitas. O total das receitas é a soma das receitas correntes com as receitas de capital. Em 2009 as receitas correntes montaram a R$ 1.106.040 milhão e corresponderam a 44% do total das receitas.

As receitas de capital foram superiores, montaram a R$ 1.405.376 milhão e percentualmente foram 55,96% das receitas totais. Entre os destaques, para as rubricas, note-se que as três maiores foram as receitas tributárias (19,95%); as receitas de serviços (27,52%); e as operações de crédito (39,78%) no ano de 2009.

As receitas correntes e de capital caíram de 2009 para 2010 num volume significativo, como reflexo da crise internacional, que se internalizou no país. A análise horizontal das participações dos itens mostra que as receitas de capital tiveram queda de volume, mas aumento na taxa de participação sobre o total (esta é uma análise oriunda da visão vertical), a saber, de R$ 1.405 bilhão para R$ 814 bilhões, com alta percentual, contudo, de 55,96% para 60,59%.

TABELA 6: ANÁLISE VERTICAL DE DADOS:
DIVISÃO DE RUBRICAS E DE RECEITAS SOBRE O TOTAL DE RECEITAS

em R$ milhões

RECEITAS PÚBLICAS SETORIAIS	2009	AV%	2010	AV%
Receitas correntes	1.106.040	44,04	529.620	39,41
Receitas tributárias	500.950	19,95	527.119	39,22
Receita patrimonial	102.718	4,09	124.666	9,28

Receita agropecuária	41.107	1,64	37.119	2,76
Receita industrial	137.998	5,49	151.654	11,28
Receita de serviços	691.103	27,52	744.661	55,41
Transferências correntes	104.112	4,15	125.227	9,32
Outras receitas correntes	1.007	0,04	2.501	0,19
Receitas de capital	1.405.376	55,96	814.274	60,59
Operações de crédito	999.111	39,78	741.166	55,15
Alienação de bens	2.107	0,08	504	0,04
Amortização de empréstimos	246.122	9,80	248.001	18,45
Transferência de capital	51.107	2,03	41.103	3,06
Outras receitas de capital	106.929	4,26	73.108	5,44
Total receitas	2.511.416	100,00	1.343.894	100,00

Exemplo 2

Na tabela 7, analisam-se as receitas públicas auferidas nos anos 2009 e 2010, sob as óticas das diferenças nominais e da taxa de variação nominal. Em 2010 as receitas correntes foram de R$ 1.712 bilhões e em 2009 elas foram de R$ 1.579 bilhões. A diferença resulta em aumento de receitas correntes de R$ 133,9 milhões, ou seja, uma positiva taxa de variação nominal de um ano para outro de 8,48%. Caso a taxa de inflação (P) fosse de 5%, como a expressão ((1 + TVN) / (1 + P)) resulta em 1,0848 / 1,05, que é > 1, ou 1,033142857, o crescimento real das receitas correntes foi positivo e de 3,31%.

O destaque vai à variação percentual para as outras receitas correntes, que cresceram 148,36% de 2009 para 2010; e para as alienações de bens, que foram menores em 76,08%. Em volume financeiro, os destaques foram outros, como as receitas de serviços, a maior rubrica das receitas correntes e que cresceu R$ 53.558 milhões, com variação nominal de 7,75 e real de 2,6190476 (lembre-se e leia-se: [(1 + 0,0775) / (1 + 0,05)] -1 = 0,026190476 = 2,62% (ap.).

TABELA 7

em R$ milhões

RECEITAS PÚBLICAS	2009	2010	DIFERENÇA NOMINAL AH% de um ano a outro	TAXA DE VARIAÇÃO NOMINAL (%)
Receitas correntes	1.578.995	1.712.947	133.952	8,48
Receitas tributárias	500.950	527.119	26.169	5,22
Receita patrimonial	102.718	124.666	21.948	21,37

Continua

Receita agropecuária	41.107	37.119	(3.988)	- 9,70
Receita industrial	137.998	151.654	13.656	9,90
Receita de serviços	691.103	744.661	53.558	7,75
Transferências correntes	104.112	125.227	21.115	20,28
Outras receitas correntes	1.007	2.501	1.494	148,36
Receitas de capital	1.405.376	1.103.882	(301.494)	- 21,45
Operações de crédito	999.111	741.166	(257.945)	- 25,82
Alienação de bens	2.107	504	(1.603)	- 76,08
Amortização de empréstimos	246.122	248.001	1.879	0,76
Transferência de capital	51.107	41.103	(10.004)	- 19,57
Outras receitas de capital	106.929	73.108	(33.821)	- 31,63
Total de receitas	2.984.371	2.816.829	(167.542)	- 5,61

A diferença nominal é igual a valores do ano de 2010 menos valores do ano de 2009.
A taxa de variação nominal é a diferença entre os valores registrados de um ano para o outro, sobre o valor do ano-base original, em percentual. Isto se obtém pela fórmula: ((RC 2010 - RC 2009) / (RC 2009) * 100.

Exemplo 3

A tabela 8 mostra índices financeiros. A parte de baixo da tabela mostra os valores recolhidos na entidade. A parte de cima mostra os indicadores obtidos. Entre as principais análises, as seguintes se destacam:
- a liquidez corrente em 2009 era de 1,87, excelente; dava para cobrir com folga todas as dívidas de curto prazo; em 2010, a situação mudou e existe iliquidez, com índice a 0,93. Para cada R$ 1,00 devido, existe cobertura de apenas R$ 0,93. Isto é preocupante, a empresa precisa recuperar sua liquidez;
- o índice de liquidez seca, que subtrai estoques do ativo circulante, pulou de 0,87 para 0,93, ou seja, melhorou;
- o capital de giro, que corresponde à diferença entre o ativo e o passivo circulante, era folgado e positivo em 2009, com R$ 130 de folga. Mas virou negativo em R$ 15 em 2010, o que há de ser revertido urgentemente. Uma empresa não pode viver eternamente com capital de giro negativo, nem com capital de giro próprio negativo;
- o resultado orçamentário piorou;
- o comprometimento da arrecadação aumentou.

Neste exemplo:
- existe estresse financeiro;
- há iliquidez.

Os compromissos financeiros aumentaram, logo, a situação tem que ser revertida o quanto antes. O gestor se reúne com sua equipe e verifica as opções que possui, para adotar uma política financeira que o dirija à responsabilidade fiscal e ao equilíbrio das contas públicas. Entre estas medidas podem estar, segundo cada caso, uma a uma, duas a duas ou em conjuntos e combinações variadas:

- aumentar as receitas, por mais arrecadação;
- lançar títulos da dívida, para colher dinheiro e pagar a futuro o déficit de caixa que foi formado;
- privatizar bens;
- alienar bens;
- tomar dinheiro emprestado, mediante operação de crédito;
- adiar pagamentos;
- renegociar as dívidas e obter deságios, descontos, condições mais facilitadas, entre outras.

TABELA 8: RESUMO DA ANÁLISE ATRAVÉS DE ÍNDICES

ÍNDICE	EXERCÍCIO	
	2009	2010
Liquidez corrente (LC = AC/PC)	1,87	0,93
Liquidez seca (LS = (AC - E)/PC)	0,87	0,93
Capital de giro (CG = AC - PC)	130	- 15
Resultado orçamentário	35	- 10
Comprometimento da arrecadação	0,71	1,07
Ativo circulante (AC)	280	210
Passivo circulante (PC)	150	225
Estoques (E)	150	0
CG = AC - PC	130	- 15
RO = RT - DT	120 - 85	150 - 160
CA = DTG/RT	85/120	160/150

Exemplo 4

A tabela 9 mostra um balanço orçamentário, que apresenta e confronta as receitas com as despesas, nas colunas de valores previstos, executados e sua diferença. Por exemplo, previram-se R$ 100 de receitas, mas executaram-se apenas R$ 85, logo se gerou uma diferença de R$ 15. O orçamento parece ter sido sobre-estimado, havendo otimismo em início de período, que não se verificou ao final do exercício. Isto explica o déficit de R$ 40, que evidentemente não é desejável e significa débitos e desencaixes não cobertos, imprevistos. Arrecadou-se menos que o que se esperava.

TABELA 9: BALANÇO ORÇAMENTÁRIO

RECEITA				DESPESA			
Títulos	Previsão	Execução	Diferença	Títulos	Fixação	Execução	Diferença
RECEITAS CORRENTES	100.000	85.000	15.000	CRÉDITOS ORÇAMENTÁRIOS E SUPLEMENTARES	101.000	99.000	2.000
Receita tributária	80.000	72.000	8.000				
Receita patrimonial	5.000	4.500	500				
Receita industrial	10.000	9.100	900	CRÉDITOS ESPECIAIS	9.000	8.000	1.000
Transferências correntes	3.000	2.700	300	CRÉDITOS EXTRAORDINÁRIOS	10.000	10.000	0
Receitas diversas	2.000	0	2.000				
RECEITAS DE CAPITAL	20.000	26.000	- 6.000				
SOMA	120.00		120.000	SOMA	120.000	117.000	3.000
DÉFICITS	40.000		40.000	SUPERÁVIT			
TOTAL	80.000		80.000	TOTAL			

Exemplo 5

Dessa vez, a tabela 10 mostra a feição de um balanço financeiro. Receitas são confrontadas com despesas. As receitas correntes cresceram de 2010 para 2011, de R$ 24.772 para R$ 24.861. Mas em 2012 sucedeu na previsão uma queda de receita, para R$ 23.895. Essas receitas, mais as outras rubricas de receitas, mais a situação de caixa e bancos, ou seja, as reservas, dão cobertura aos gastos, vistos nas contas de despesas como as legislativas (R$ 1.491 em 2010), de saneamento (no mesmo ano, de R$ 2.426).

Para todos os efeitos, verifique, pela totalização, se a soma das receitas totais e das disponibilidades bancárias (aplicações e contas vinculadas) supera ou iguala a soma das despesas. O que se conclui desta situação? Qual é a tendência aparente?

TABELA 10: BALANÇO FINANCEIRO

em R$ milhões

RECEITA				DESPESA			
	2010	2011	2012		2010	2011	2012
Títulos	R$	R$	R$	Títulos	R$	R$	R$
ORÇAMENTÁRIA				**ORÇAMENTÁRIA**			
Receitas correntes	**24.772**	**24.861**	**23.895**	Legislativa	1.491	1.541	1.601
Receita tributária	18.144	19.194	18.517	Judiciária	1.451	1.489	1.540
Receita patrimonial	507	521	531	Administração e planejamento	106	101	100
Receita industrial	2.902	3.002	3.026	Agricultura	748	722	793
Transferências correntes	3.219	2.144	1.821	Comunicações	2.743	3.107	3.474
Receitas de capital				Defesa nacional e segurança pública	4.192	4.195	4.199
EXTRAORÇAMENTÁRIA	2.146	3.167	3.744	Desenvolvimento regional	102	102	102
Restos a pagar – contrapartida da despesa a pagar	505	472	459	Educação e cultura	1.406	1.420	1.443
				Energia e recursos minerais	503	517	528
Serviço da dívida a pagar – contrapartida da despesa a pagar	74	73	70	Habitação e urbanismo, indústria, comércio e serviços	3.274	3.346	3.405
Depósito	104	116	119	Relações exteriores	155	161	170
Outras operações	12	14	15	Saúde e saneamento	2.426	2.102	2.004
SALDO DO EXERCÍCIO ANTERIOR	1.408			**EXTRAORÇAMENTÁRIA**			
Disponível	51	63	58	Restos a pagar – pagos no exercício	270	292	318
Caixa	125	112	90	Sarviço da dívida a pagar – pago	55	63	74
Bancos e correspondentes	14.199	13.507	14.002	Depósito	103	106	109
Estoques	150	0	0	Outras operações	17	21	10
Vinculado em conta--corrente bancária	19.144	21.208	22.714	**SALDO PARA EXERCÍCIO SEGUINTE**			
				Disponível	37.108	37.208	37.304
				Caixa, bancos e correspondentes	12.109	12.201	12.304
				Exatores	0	0	0
				Vinculado em conta--corrente bancária	9.102	9.308	9.509
TOTAL				**TOTAL**			

Exemplo 6

A tabela 11 apresenta o balanço patrimonial de uma entidade pública. Ativos e passivos financeiros são apresentados, assim como as contas do ativo e passivo permanente e o saldo patrimonial. Para todo o período, o ativo financeiro supera em muito o passivo financeiro, existe folga e conforto de caixa.

Da mesma maneira, o ativo permanente supera o passivo permanente em larga escala. Logo, à primeira vista, este balanço é positivo e inspira robustez financeira.

TABELA 11: BALANÇO PATRIMONIAL

Em R$ milhões

ATIVO				PASSIVO			
	2010	2011	2012		2010	2011	2012
Títulos	R$	R$	R$	Títulos	R$	R$	R$
ATIVO FINANCEIRO	7.450	8.780	8.484	**PASSIVO FINANCEIRO**	3.107	3.599	3.814
Disponível	150	160	140	Restos a pagar			
Caixa	200	220	210	Serviços da dívida a pagar	2.100	2.350	2.505
Bancos e correspondentes	600	660	724	Depósitos	1.007	1.249	1.309
Vinculado em contas-correntes bancárias	1.700	2.940	2.710	Débitos de tesouraria			
Realizável	4.800	4.800	4.700	**PASSIVO PERMANENTE**	3.612	3.510	3.359
ATIVO PERMANENTE	88.074	92.534	97.640	Dívida fundada interna			
Bens móveis	14.116	15.112	16.272	Em títulos	1.204	1.307	942
Bens imóveis	61.700	64.108	67.209	Por contratos	2.408	2.203	2.417
Bens de natureza industrial	108	62	41	Diversos			
Créditos	12.100	13.200	14.070	**Soma do passivo**	6.719	7.109	7.173
Valores diversos	50	52	48	**SALDO PATRIMONIAL**			
Saldo do ativo real				Ativo real líquido	59.716	63.141	68.110

SALDO PATRIMONIAL				Soma			
Passivo real descoberto				**PASSIVO COMPENSADO**			
Soma				Contrapartida de valores em poder de terceiros	2	4	17
ATIVO COMPENSADO							
Valores em poder de terceiros			17	Contrapartida de valores nominais emitidos	11.816	14.364	17.401
Valores emitidos	11.741	14.199	17.114				
Diversos	382	644	933	Diversos	29.394	31.539	31.470
TOTAL GERAL	**107.647**	**116.157**	**124.171**	**TOTAL GERAL**	**107.647**	**116.157**	**124.171**

Capítulo 4

Gestão do Estado

Neste capítulo veremos que cabe ao Estado preservar, manter e, conforme os objetivos socioeconômicos e políticos, aumentar o patrimônio, cabendo à gestão de Estado evitar e controlar problemas de aumento de passivos, de dívidas, a ponto de estas gerarem um patrimônio negativo. Discutiremos também a responsabilidade do gestor financeiro de prestar contas à sociedade a cada período e os aspectos relevantes da Lei nº 4.320 e da Lei Complementar nº 101.

Superávit e déficit

Normalmente, deseja-se que o patrimônio cresça e se expanda, manifestando, dessa forma, a capacidade que o Estado tem de enriquecer a nação, as unidades federativas, os municípios e os entes públicos em geral. Neste contexto, deve-se evitar e lutar contra a dilapidação do valor do patrimônio público.

Na dinâmica da ação e evolução do Estado, espera-se que os contribuintes, ao pagar seus impostos, vejam e sintam a expansão de obras públicas e de haveres públicos, que na forma de ativos devem superar os passivos. O patrimônio há de ser positivo graças à ação da gestão de Estado disciplinado. Assim, evitam-se e controlam-se os problemas de aumento de passivos, de dívidas, impedindo que estes gerem um patrimônio negativo.

> **EXEMPLO**
> O patrimônio público se encontra em numerosos lugares, como hospitais, escolas, universidades, praças públicas, estátuas, pinturas, estradas, postes de iluminação, museus, laboratórios, títulos de valores mobiliários de empresas estatais, títulos de papéis do Tesouro nos cofres do Banco Central emitidos por outro país e tudo aquilo que se constitua em propriedade de Estado.

> **PATRIMÔNIO NEGATIVO**
>
> *Situação contábil* que ocorre quando o passivo exigível é superior ao ativo. Nesse caso, se a sociedade for liquidada, considerando apenas os recursos do ativo, não será possível o pagamento de todas as dívidas.

TABELA 12: DEMONSTRAÇÃO DAS VARIAÇÕES PATRIMONIAIS

em R$ milhões

VARIAÇÕES ATIVAS				VARIAÇÕES PASSIVAS			
	2010	2011	2012		2010	2011	2012
Títulos	$	$	$	Títulos	$	$	$
RESULTANTES DA EXECUÇÃO ORÇAMENTÁRIA				**RESULTANTES DA EXECUÇÃO ORÇAMENTÁRIA**			
RECEITA ORÇAMENTÁRIA (RO)	14.545	14.526	14.956	**DESPESA ORÇAMENTÁRIA (DO)**	18.601	19.176	19.804
Receitas correntes	7.112	7.141	7.176	Despesas de custeio	15.159	15.412	15.719
Receitas tributárias	5.112	5.141	5.176	Transferências correntes	276	281	293
Receitas das contribuições	1.000	1.100	1.200	Despesas de capital	15	11	29
Receita patrimonial	500	450	400	Investimentos	2.144	2.378	2.791
Receita agropecuária	107	92	81	Invasões financeiras	1.007	1.002	972
Receita industrial	246	259	302	Transferências de capital	0	92	0
Receita de serviços	109	123	149				
Transferências correntes	0	101	0				
Outras receitas correntes	242	0	257				
Receitas de capital	102	104	91				
Operações de crédito	0	0	103				
Outras receitas de capital	15	15	21				
MUTAÇÕES PATRIMONIAIS (MP)				**MUTAÇÕES PATRIMONIAIS (MP)**			
Aquisição de bens móveis	850	980	86	Cobrança da dívida ativa	21	26	33
Construção e aquisição de bens imóveis	2.450	2.130	227	Alienação de bens e móveis	144	157	62
Construção e aquisição de bens de natureza industrial	40	45	48				

Aquisição de títulos de valores	16	19	23	Alienação de bens de natureza industrial	214	171	140
Empréstimos concedidos	108	1.140	121	Alienação de títulos de valores	74	11	8
Diversas	15	13	19	Empréstimos tomados	102	107	114
Total	**3.479**	**4.327**	**524**	Recebimento de créditos	288	296	314
				Diversas	7	12	6
				Total	**850**	**780**	**677**
INDEPENDENTES DA EXECUÇÃO ORÇAMENTÁRIA (IEO)				INDEPENDENTES DA EXECUÇÃO ORÇAMENTÁRIA (IEO)			
Inscrições da dívida ativa	107	109	102	Cancelamento de dívidas passivas	45	75	200
Inscrição de outros créditos	141	156	176	Diversas	122	174	146
Incorporação de bens – doações, legados etc.	1.108	203	346				
Cancelamento de dívidas passivas	1.077	773	847				
Diversas	121	124	117				
Total de variações ativas	**2.554**	**1.365**	**1.588**	**Total de variações passivas**	**167**	**249**	**346**
RESULTADO PATRIMONIAL				RESULTADO PATRIMONIAL			
Déficit verificado – se for o caso			-3.759	Superávit verificado – se for o caso	960	13	
Total Geral **TG = RO + MP + IEO**	**20.578**	**20.218**	**17.068**	**Total Geral** **TGP = DO + MP + IEO**	**19.618**	**20.205**	**20.827**

A tabela 12 apresenta a demonstração das variações patrimoniais, com destaque para quanto mudou, variou, no valor e volume financeiro, cada rubrica patrimonial, seja ela ativa ou passiva. A continuação da aquisição de bens imóveis continua destacando-se, é elevada em comparação aos outros valores e supera os R$ 2.430 em 2010. Na confrontação final dos valores ativos e passivos, observe-se que em 2010 e 2011 houve superávit (S) sucedendo um déficit previsto para 2012, que deve fechar as contas no ativo, em destaque.

Quando o déficit (D) é real e do momento presente, a situação pode ser preocupante (quanto maior o rombo, pior) e é preciso adotar medidas de emergência.

Quando o que se faz é um exercício de previsão, é preciso mobilizar-se para alterar a configuração de futuros déficits e não permitir que eles aconteçam. É preciso adotar medidas proativas, preventivas, que revertam o déficit. Seja pelo corte das despesas (medida antipática, mas de disciplina e de rigor fiscal, pois não é possível lançar mais e mais arrecadações eternamente sobre os contribuintes, por exemplo, e adotar medidas excepcionais), seja pelo aumento das receitas, seja pela renegociação de dívidas e obtenção de novos créditos e transferências, entre outras medidas.

> **COMENTÁRIO**
>
> Os gráficos são um importante aliado dos analistas e gestores financeiros. Permitem a rápida visualização de uma situação e, embora o passado possa não explicar o futuro, certas análises de tendência podem revelar situações antecipáveis. Outras simplesmente não permitem a antecipação, pela incerteza e volatilidade inerente aos mercados, sempre imperfeitos e cheios de ruídos.

Cabe ao gestor e sua equipe perguntar-se e responder à realidade que enfrenta, seguindo questionamentos como:

- Este movimento de queda da agricultura é permanente?
- Há razões e fatores determinantes que explicam a queda da arrecadação agrícola? Caberia intervir, pedir e dar ajuda, inclusive financeira?

Por outro lado, também cabe indagar:

- O município está se tornando industrial, porque a arrecadação sobe?
- Este é um movimento privado ou federativo que prescinde de ajuda e influência?
- Quais os impactos destas tendências sobre as nossas contas presentes e futuras?
- Deve-se mudar? Investir? Quanto há em recursos, para reforçar esta tendência? E para reverter, se for o caso, o da agricultura? Quanto falta?

Eis, portanto, um bom conjunto de questionamentos a se fazer. A política pública haverá de ser acionada – comitês deverão ser implantados a fim de se pensar as melhores soluções para cada assunto, com tempo, hora e recursos certos. Os gráficos podem oferecer ao analista percepções de tendência (para onde se dirige a variável). Normalmente, diz-se que as tendências podem ser dos seguintes tipos:

- de alta, quando ano após ano a variável tende a aumentar, a crescer. Delineia-se uma expansão. Julgar não cabe, pois conforme cada caso isto pode ser "bom", "neutro em seu efeito", ou "ruim". Por exemplo: se as receitas totais arrecadadas crescem em termos reais continuamente, para o fisco isto pode ser "bom"; mas para os contribuintes isto pode significar arrocho fiscal intertemporal e pode ser entendido como "ruim", sobretudo se o Estado não comprovar que está dando uma contrapartida valiosa à nação, à unidade federativa, ao município e aos contribuintes. Cada análise depende do lado em que se está;

- de baixa, quando ano após ano, ou período após período, a variável sinaliza claramente tendência de queda. Para os ortodoxos, manter as despesas controladas e com sinal de baixa pode ser entendido como "bom". A redução das despesas pode fazer reaparecer um superávit, o que é frequentemente desejável. Contudo, cortes em gastos significam menos receitas para os fornecedores. Para estes, um movimento assim pode ser entendido como prejudicial ou "ruim";

- de estabilidade, quando a variável evolui no tempo com valores próximos, como que dentro de um corredor, sem uma definição clara de alta ou de baixa;

- de indefinição, quando é difícil identificar a tendência. Isto é especialmente comum quando se dispõe de poucos dados, como para apenas três anos em que se sucedem alta, baixa e alta sem forças iguais.

É importante que o analista se pergunte e procure responder:
- Quais forças explicam estes movimentos?
- Existem fatores explicativos determinantes? Quais?
- Deve-se deixar esta situação e tendência como está? Ou precisamos identificar medidas que reforcem ou contrastem com essa tendência?
- Quem sai beneficiado e quem sai prejudicado com estas tendências?
- Cabe, no plano da gestão, a intervenção, a mão visível da influência governamental e pública? Ou é melhor ser fisiocrático, "deixando tudo passar, tudo acontecer, que se fará de si mesmo", tal e qual dizia o ministro francês Quesnay?

GRÁFICO 1: RECEITA ORÇAMENTÁRIA

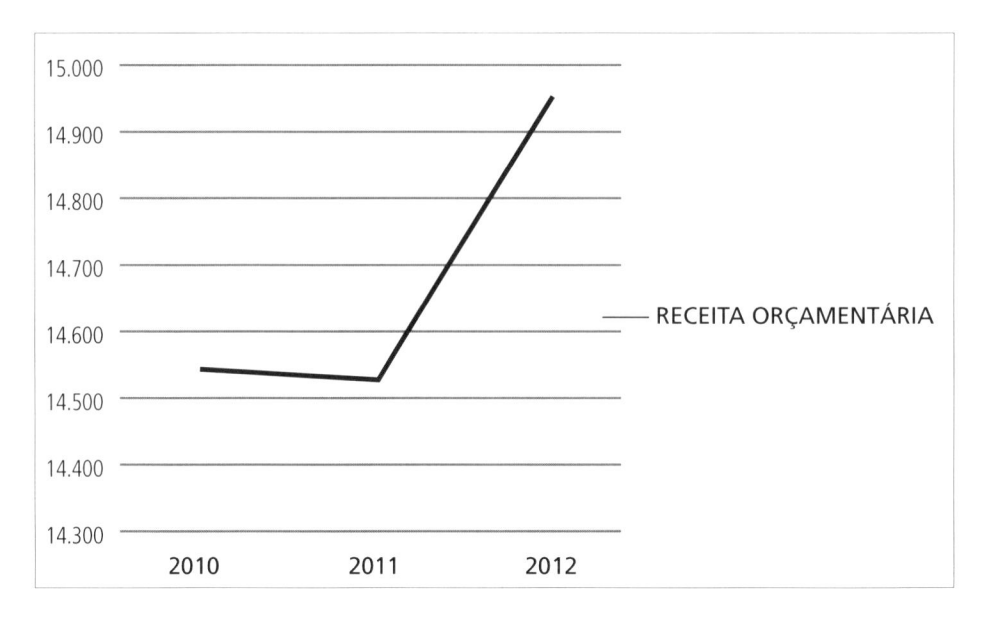

[Gráfico de linhas mostrando a Receita Orçamentária de 2010 a 2012, variando de aproximadamente 14.540 em 2010, 14.530 em 2011, até cerca de 14.950 em 2012.]

GRÁFICO 2: RECEITAS AGROPECUÁRIA E INDUSTRIAL

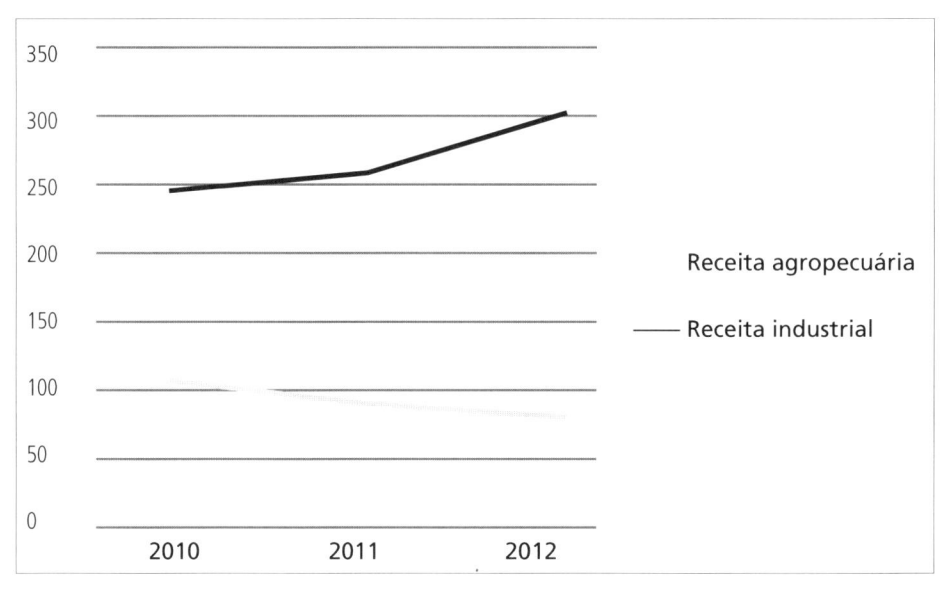

[Gráfico de linhas mostrando Receita agropecuária (em alta, de cerca de 245 em 2010 para 300 em 2012) e Receita industrial (em leve baixa, próxima de 100 ao longo do período) de 2010 a 2012.]

No gráfico das receitas agropecuárias e industriais, a receita agropecuária vem apresentando movimento de baixa contínua enquanto a receita industrial verga na tendência de alta.

GRÁFICO 3: COBRANÇA DA DÍVIDA ATIVA

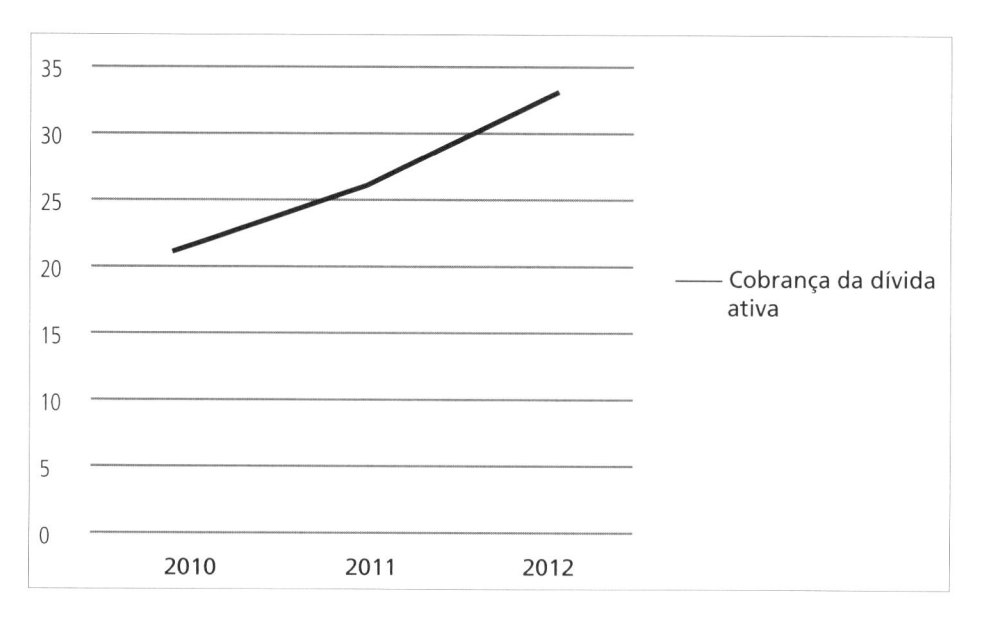

GRÁFICO 4: RECEITAS ORÇAMENTÁRIAS, CORRENTES E TRIBUTÁRIAS

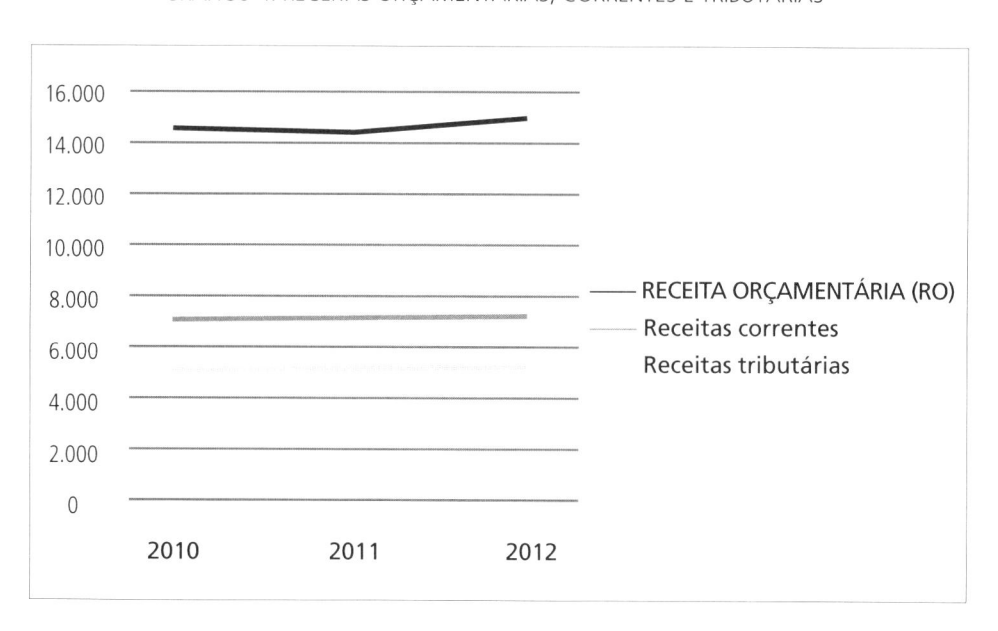

No gráfico de receitas orçamentárias, correntes e tributárias, as três receitas sugerem estabilidade e tímido crescimento em sua expansão intertemporal.

GRÁFICO 5: INSCRIÇÕES DA DÍVIDA ATIVA

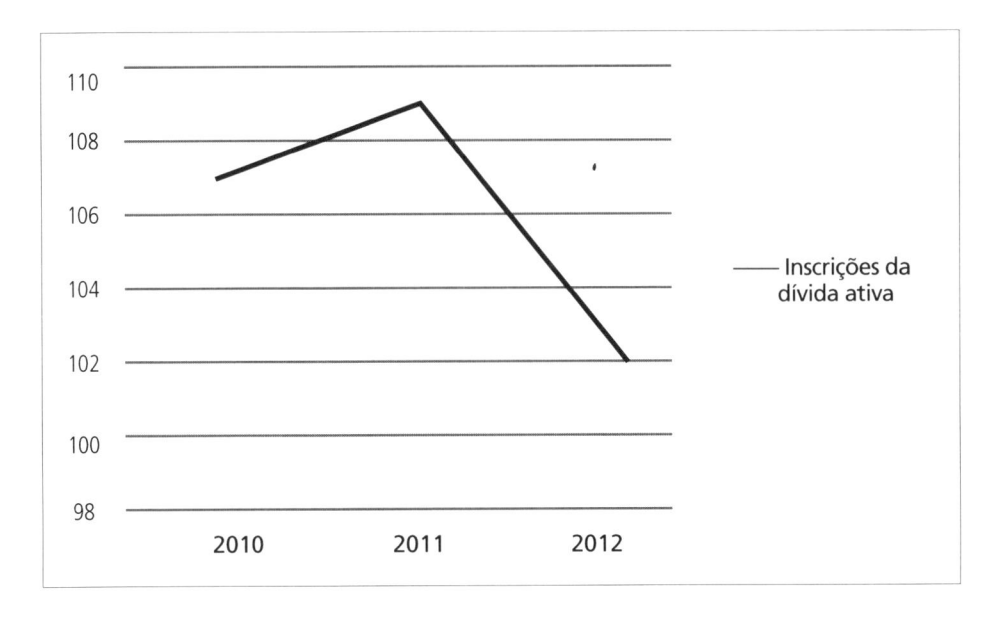

— Inscrições da dívida ativa

GRÁFICO 6: ALIENAÇÃO DE BENS E IMÓVEIS E
DE BENS DE NATUREZA INDUSTRIAL

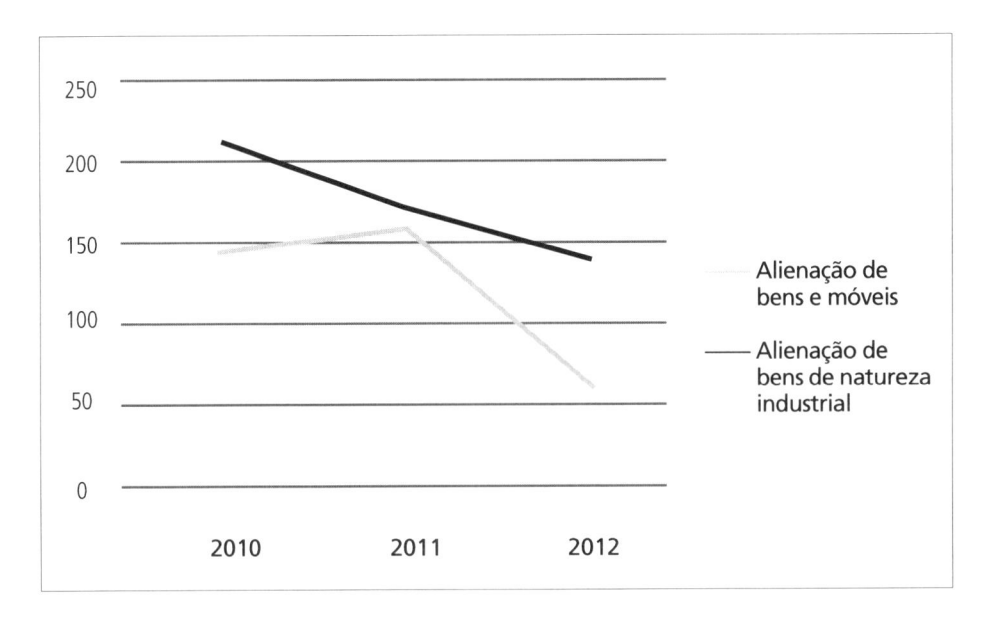

— Alienação de bens e móveis

— Alienação de bens de natureza industrial

TABELA 13: BALANÇO ORÇAMENTÁRIO

RECEITAS	PREVISÃO	EXECUÇÃO	DIFERENÇAS
Receitas correntes (RC)	**2.595**	**2.540**	**55**
Receita tributária	1.000	950	50
Receitas de contribuição	250	230	20
Receita patrimonial	120	115	5
Receitas agropecuárias	80	90	- 10
Receita industrial	340	375	- 35
Receita de serviços	690	745	- 55
Transferências correntes	100	20	80
Outras receitas correntes	15	15	0
Receitas de capital (Rca)	**1.135**	**1.015**	**120**
Operações de crédito	500	450	50
Alienação de bens	225	200	25
Amortização de empréstimos	90	80	10
Transferências de capital	135	115	20
Outras receitas de capital	160	150	10
Dedução de receita para formação do Fundef	25	20	5
Soma de RC com Rca	**3.730**	**3.555**	**175**
Déficit			0
TOTAL			175

A tabela 13 apresenta receitas correntes e de capital, com suas rubricas e somatória. Confrontam-se valor previsto e valor executado, o que dá formação à terceira coluna, das diferenças. No final, o valor previsto superou o executado em R$ 175 milhões, portanto se fez menos que o esperado, folgando ou sobrando caixa nesse valor.

TABELA 14: BALANÇO FINANCEIRO

RECEITA	R$	DESPESA	R$
ORÇAMENTÁRIA	7.633	**ORÇAMENTÁRIA**	
Receitas correntes	1.500	Legislativa	430
Receita tributária	2.850	Judiciária	560

Receita patrimonial	R$ 550	Essencial à Justiça	120
Receita agropecuária	R$ 245	Administração	2.591
Receita industrial	R$ 566	Segurança Pública	4.645
Receita de serviços	R$ 1.677	Assistência social	240
Transferências correntes	R$ 230	Saúde	5.600
Outras receitas correntes	R$ 15	Trabalho	800
RECEITAS DE CAPITAL	**R$ 5.248**	Educação	3.600
Operações de crédito	R$ 2.460	Cultura	50
Alienação de bens	R$ 1.540	Direito da cidadania	10
Amortização de empréstimos	R$ 643	Urbanismo	55
Transferências de capital	R$ 490	Saneamento	209
Outras receitas de capital	R$ 115	Gestão ambiental	43
DEDUÇÃO DE REC. PARA FORMAÇÃO DO FU	R$ 1.245	Agricultura	17
Interferências ativas	R$ 0	Indústria	82
Transferências financeiras recebidas	R$ 580	Desporto e lazer	110
Extraorçamentária	R$ 130	Encargos especiais	60
RESTOS A PAGAR (CONTRA-PARTIDA DA DESPESA A PAGAR)	R$ 115	Interferências passivas	210
SERVIÇOS DA DÍVIDA A PAGAR	R$ 211	Transferências financeiras CONCE	900
Depósitos	R$ 490	Extraorçamentárias	77
Débitos da tesouraria	R$ 15	Restos a pagar (pagamento no exercício)	715
Outras operações	R$ 210	Serviços da dívida a pagar (pagto.)	914
Recebimento devedores diversos	R$ 44	Depósitos	0
SALDO EXERCÍCIO ANTERIOR	-R$ 245	Débitos de tesouraria	0
Disponível	R$ 870	Outras operações	0
Caixa	R$ 120	Adiantamento devedores diversos	0
Bancos	R$ 6.570	Saldo da despesa total	22.038
Vinculado	R$ 245	Vinculado	1.729
TOTAL	**R$ 20.309**	**TOTAL**	**20.309**

A tabela 14 mostra que as receitas são comparadas com despesas, para a verificação da capacidade e da efetividade de cobertura das contas. O essencial é que as receitas cubram as despesas e estas cresçam, sem impactarem maior carga fiscal; mais e maiores impostos; redução da capacidade de gerar resultados pessoais e empresariais, que então inibem investimentos privados; e medidas de excepcionalidade que levem a soluções de pequena ou pouca disciplina fiscal.

Prestação de contas

A responsabilidade do gestor financeiro público com verbas e dotações, assim como com gastos correntes e de investimentos, deve ser contínua e completa, não sendo suficiente apenas prover, receber o recurso e aplicá-lo. É preciso e é obrigatório prestar contas à sociedade, à comunidade, período a período. Normalmente, o prazo de prestação de contas é anual.

> **EXEMPLO**
>
> Em alguns casos, a prestação de contas pode acontecer em prazos mais curtos. Bancos, por exemplo, por exigência do Banco Central, precisam apresentar balanços e demonstrativos semestrais. Ademais, lhes cabe fazer apresentações de posição financeira e demonstrativa em situação diária, para demonstrarem sua liquidez, grau de endividamento e alavancagem, demonstrando se estão corretamente enquadrados dentro das exigências apontadas pelos acordos de Basileia I e II.

Decorrido o período de um ano ou um semestre, é de se esperar que, por lei, o gestor financeiro deva explicar o que fez; como fez; de que modo realizou suas atividades e em que elas resultaram, ante a situação de mercado e econômica existentes, com os recursos públicos que estavam atrelados a sua responsabilidade.

Prestar contas é uma forma de dar uma satisfação à sociedade, ciosa em saber como foram aplicados os seus recursos e se dessas aplicações resultaram benefícios reais.

As prestações de contas são enviadas normalmente e segundo cada caso, em face do previsto em lei, a chefias superiores da organização; aos conselhos administrativo e fiscal; às auditorias internas e externas; aos tribunais de contas (da União; dos estados; ou dos municípios); e, em caso de ser uma empresa sociedade anônima (AS), à Comissão de Valores Mobiliários (CVM), entre outros.

Uma boa prestação de contas há de ter certos atributos e espera-se que todos sejam atendidos a contento, merecendo destaque os seguintes:

- apresentar todas as ferramentas financeiras e econômicas previstas na legislação e citadas e especificadas anteriormente, no detalhe – balanço patrimonial; demonstrativo financeiro; demonstrativo de resultados; demonstrativo das variações patrimoniais; informações financeiras complementares (de seguros; de leasing ou arrendamento mercantil; de *factoring*; e de outras operações financeiras e quase financeiras que não constam eventualmente em balanço ou demonstrativo) – entre outros;
- uma interpretação clara do que aconteceu e do que se fez no período de realizações e uso de contas;
- uma demonstração dos benefícios gerados; dos objetivos pretendidos realizados e não realizados – e sua justificativa;
- uma apresentação de opções de decisão, explicando o porquê de certas medidas tomadas;
- uma explicação dos rumos futuros da organização sob a ótica financeira e econômica, com medidas a tomar e assuntos que mereçam a real atenção dos gestores do presente e do futuro.

A prestação de contas pode ou não ser aprovada por instâncias superiores da empresa e de órgãos públicos. Desse modo, é importante que o gestor se empenhe em fazer e concluir um documento que seja credível, técnico e aderente com a realidade dos fatos.

Em nível público, a aprovação da prestação de contas do gestor lhe conferia credibilidade e é uma base de referência de honestidade.

Prestações de contas malfeitas, parciais, sumárias, além de não se prestarem à efetiva avaliação do que o gestor e sua equipe fizeram, podem levar à suspeita de atividades ilícitas, mal-elaboradas e realizadas, que precisam passar por um crivo analítico mais profundo.

Desse modo, empenhar-se na montagem de uma prestação de contas séria, coerente, bem-montada e que mostra a realidade das finanças é essencial. E ajuda no controle social das contas públicas, ampliando o envolvimento da sociedade nas atividades das instituições oficiais e de governo.

Havendo impunidade e fraqueza de avaliação de contas prestadas, podem surgir sérios problemas de alocação de recursos públicos. É preciso evitar o desmando e olhar com atenção nas atividades de orçamento por aprovar e nas prestações de contas já realizadas, pelo menos para o seguinte conjunto de situações, que estão longe de exaurir o tema e que apareçam apenas em relatórios, exigindo a ida direta às empresas e a verificação de suas instalações:

1) contas propostas e realizadas por membros de um partido político, que dominam um ministério, um órgão de governo, ou empresas públicas – a típica divisão de poderes econômicos para grupos de poder, coligações e para o assentamento de membros de partidos políticos, sem caracterização técnica de postos e de profissionais, é recordista de potenciais desmandos financeiros;

2) tempo de permanência em determinada estrutura e instituição pública, por membros de um grupo de poder. Em regime de democracia verdadeira há de haver uma substituição de pessoal e de lideranças, assim como de partidos políticos, na gestão de empresas. A existência de feudos, a manutenção de partidos políticos num mesmo ministério por tempo indefinido e a falta de rotatividade nas lideranças superiores hão de ser muito bem justificadas, para se manter a credibilidade e não surgirem infelizmente suspeitas de desmando e monopolização de estruturas, sugadas em seus recursos a favor de correligionários políticos;

3) superfaturamento dos preços dos bens e serviços de fornecedores diversos;

4) superfaturamento dos preços de obras públicas, sobretudo de infraestrutura, tais como rodovias, pontes, prédios e novos imóveis públicos, aquedutos, sistemas de iluminação pública, reservatórios de água, sistemas de produção e distribuição de energia elétrica, instalação de sistemas de despoluição de águas e outros;

5) superfaturamento de preços de medicamentos, instalações hospitalares, instalações pró-medicina e apoio à saúde pública, aparelhos médicos e afins;

6) superfaturamento de material escolar, de merenda escolar, de serviços de transporte escolar, de treinos e programas educacionais e complementos educacionais;

7) superfaturamento de serviços de tecnologia da informação, de informática, de hardware e de software e de consultorias correlatas;

8) superfaturamento de instalações esportivas, tais como campos e estádios de futebol, piscinas e estruturas para esportes de alto desempenho, viagens ao exterior de dirigentes esportivos e de atletas e comissões, e afins;

9) contratação de obras a preço menor do que o previsível e realmente ocorrido, levando a aditamentos posteriores, com a clara vontade de se ampliarem os valores;

10) aditamentos de contratos que são assinados entre empreiteiras, a União, estados e municípios, sinalizando prolongamentos;

11) falta de amparo legal e regulatório em ações, aplicações, captações, gastos e valores tomados;

12) implantação forçada e frequentemente apressada de pacotes fechados, produtos de prateleira, nos quais uma empreiteira inventa uma obra e a oferece a prefei-

tos, governadores, secretários de Estado ou ministros, com promessas de financiamento, garantias de prazos de entrega e meios materiais para iniciar as obras imediatamente;

13) contratação de serviços de terceiros, quando existe gente dentro da empresa que pode fazer o mesmo e está já na folha de pagamento, não precisando onerá-la ainda mais;

14) excesso de contratação de serviços de terceiros;

15) excesso da formação de estoques de produtos e mercadorias;

16) excesso de formação e compra de estoques de bens que não possuem correlação com os propósitos, fins e a missão da organização;

17) contratação de consultorias privadas e de seus donos, para exercerem funções típicas de direção e de comando, típicas da administração superior e que são muitas vezes desnecessárias;

18) a contratação de empresas de treinamento e de educação, consultorias, vigilância e segurança, serviços de portaria e de alimentação, serviços de higiene e afins, que pertencem a pessoas muito próximas aos titulares em comando na empresa ora em análise. Nessas empresas, com mais atenção logo se verifica que vicejam parentes, contraparentes, primos, sobrinhos e laranjas;

19) diferenças evidentes entre preços contratados com diferentes empreiteiras ou prestadores de serviços, com vistas à execução de serviços, obras e instalações do mesmo tipo;

20) combinações de participação em leilões públicos e eletrônicos, nos quais se combina previamente quem dá o preço mais alto, inviável, para o outro ganhar e mais adiante noutro leilão ceder seu lugar a outro – o anteriormente mais careiro;

21) desmandos no sistema de pagamento e liberação de recursos;

22) a falsificação, por máfias, de documentos e contratos, tal como sucedido no INSS, fazendo jorrar milhões em recursos por longo tempo nas mãos de pessoas e funcionários públicos inescrupulosos;

23) a troca do patrimônio valioso, por bens de valor menor – estátuas do século XVIII ou XIX por outras, menores e novas; janelas e vitrais com molduras de bronze, do século XIX, por molduras de madeira e afins;

24) a aplicação dos recursos financeiros em fundos e depósitos a taxas menores que as de mercado, ficando a diferença noutras contas;

25) a escolha de bancos e financeiras de acordo com as taxas de juros cobradas, quanto mais altas melhor, para uma diferença ser recolhida noutras contas locais ou no exterior, e afins.

Estas situações exigem obviamente o aperfeiçoamento continuado do sistema de controle interno e externo dos poderes Executivo, Legislativo e Judiciário. Ademais, é preciso dar força e capacidade de ação orientadora e punitiva a tribunais, auditorias e sistemas geradores de controles de atividades, políticas e contas públicas.

O aperfeiçoamento do sistema de administração de pessoal e o acompanhamento personalizado das contas e atividades de todos os servidores públicos e de seus dirigentes, levando também à análise das "movimentações extraordinárias", torna-se evidentemente uma necessidade permanente.

ACORDO DE BASILEIA I

Comitê de Supervisão Bancária da Basileia, fundado em 1975 pelos presidentes das autoridades monetárias dos países integrantes do G–10. Tem sede permanente na Basileia, Suíça. Esse comitê elabora estudos e traça diretrizes para aperfeiçoar a supervisão bancária de forma a se precaver em relação a crises nacionais e internacionais.

ACORDO DE BASILEIA II

Abreviatura para o Novo Acordo de Basileia sobre Capitais, um acordo internacional publicado em junho de 2004. Determina as regras de gestão de risco que os bancos devem adotar a fim de poderem acompanhar as mudanças feitas pelas entidades reguladoras.
Essas regras querem limitar a possibilidade de ocorrência de uma crise bancária internacional, assegurando para isso que cada banco disponha, individualmente, de níveis de capital suficientes para realizar as atividades que pressupõem algum risco. Em resposta a essas preocupações, o Acordo de Basileia II vem introduzir mecanismos de avaliação de risco bastante sofisticados.

O gestor comprometido com uma postura ética fornece credibilidade e se utiliza dos seguintes recursos e meios, entre outros, para fazer a correta prestação de contas:

- organiza entradas e saídas, rubrica por rubrica, uma a uma, seguindo um detalhado plano de contas onde existe um identificador numérico e um código em separado para cada item;
- organiza e faz todos os instrumentos da correta contabilização, o que inclui a feitura contínua padronizada de livros diários, balancetes, balanços, demonstrativos, usos e fontes, explicativos técnicos, balanços sociais, "itemização" e registro de rubricas que não constam em balanços, ordenação de contratos, acordos, convênios e protocolos, com seu detalhamento;
- atende a missão da empresa, entidade ou órgão;
- atende os estatutos, as normas e as legislações vigentes;

- dispõe e atende aos macroprocessos e microprocessos, às macrorrotas, rotinas e aos passos identificados na organização;
- dispõe de uma controladoria interna, para a verificação de contas e seu acerto;
- dispõe de uma auditoria interna, para checagem de contas, valores, entradas e saídas, dentro das técnicas apropriadas;
- dispõe e contrata conforme a legislação, controladorias e auditorias externas, sem se afeiçoar particularmente a uma, criando um sistema de rotação que assegure a imparcialidade, a independência e a probidade dos agentes contratados;
- apresenta e mostra aos acionistas com máxima transparência a realidade da empresa, de forma a tornar compreensível, translúcida e justificada a tomada de decisões passadas assim como novas;
- monta, prepara e apresenta, após aprovação pelo Conselho Administrativo, e/ou Fiscal, as contas e demonstrações, explicativos e relatórios, aos acionistas; ao poder público; aos órgãos públicos de controle; aos fornecedores e clientes, mediante apropriadas reuniões e assembleias;
- monta, prepara, apresenta e publica na imprensa, em jornal oficial (*Diário Oficial* e na mídia em geral), os balanços e demonstrativos explicados, tanto de teor econômico, financeiro e contábil quanto social, para satisfazer, com dados e informações adequados, a população e os contribuintes;
- apresenta, quando S.A. (Sociedade Anônima), os demonstrativos econômico-financeiros contábeis na CVM (Comissão de Valores Mobiliários) para todos os fins e esclarecimento do público acionista em geral;
- dispõe, quando S.A., de uma Diretoria de Relações Públicas e Institucionais, de Relações com o Mercado, que a mais de respeitar os direitos dos acionistas majoritários, considere os interesses e direitos dos minoritários;
- apresenta os devidos relatórios e as exigidas demonstrações às agências de governo, conforme o setor e enquadramento, tais como Anac (Agência Nacional da Aviação Civil) ou ANP (Agência Nacional do Petróleo);
- outros meios a fim de potencializar o alcance das medidas e que venham a gerar a certeza maior de probidade, honestidade e confiabilidade no uso dos recursos públicos.

Nesse processo, ganha o gestor com a ampla e correta prestação de contas. Ao divulgar dados e mostrar o que é a empresa em dados e em informações, a confiança nele aumenta e a sociedade se sente potencialmente mais segura em continuar contribuindo com recursos e dando apoio aos projetos existentes, em andamento e por vir.

> **COMENTÁRIO**
>
> A prestação de contas públicas precisa satisfazer a curiosidade, a exigência e a vontade pública de ver e comprovar a forma correta de aplicação com o dinheiro público, com a geração de rendimentos e benefícios. Isto significa que a aplicação e a gestão de recursos públicos exigem disciplina institucional, empresarial, interpessoal, grupal e pessoal, no âmbito dos diversos governos. Nesse contexto, disciplina significa saber em que aplicar; dimensionar corretamente os gastos; orçar entradas e saídas convenientemente; evitar erros e omissões; não errar no sentido de não fazer nem criar desvios e saber ater-se ferrenhamente à disponibilidade orçamentária.

O gasto excessivo é proibitivo, pelos seus efeitos durante e após a falência e o desacerto das contas. O déficit significa não ter como fechar contas e implica a tentativa de encontrar mecanismos *ex-post-facto* que as fechem. De acordo com a situação, será preciso renegociar com os fornecedores, os banqueiros, os fiscais da Fazenda, os assalariados. Isto toma tempo, esforços e gera desgastes de toda natureza, inclusive de nome, de prestígio, de imagem e afins, causando instabilidade entre os trabalhadores e podendo até desmotivá-los, levando à perda de talentos e queda de produtividade.

Logo, havendo disciplina, pode-se provavelmente realizar menos do que o sonhado e socialmente desejável. Despende-se menos, o que gera uma sensação de avanço menor. Mas, em compensação, as contas estão em dia. A todo passivo corresponde um ativo, e este em curto prazo ao menos supera o primeiro. A disciplina, a ordem, a obediência aos ditames do bom senso do equilíbrio financeiro compensam com o passar do tempo.

Os acionistas, os colaboradores, os clientes, os fornecedores, o governo e outros agentes econômicos sabem a que se ater quando aumentam o grau de confiança no sistema econômico, empresarial, público e produtivo. Quanto menor a volatilidade e imprevisibilidade num projeto, num negócio, maior é a credibilidade. Com esta, programam-se melhor os orçamentos, os fluxos de caixa e, portanto, os investimentos e os negócios. As atividades crescem, puxando e sendo puxadas (a relação de causalidade pode ser complexa) na direção da consolidação e maturidade das atividades, inclusive públicas.

Assim, todos os agentes ganham com uma estabilidade de ordem maior. Por essas razões, levar em conta a importância da estabilidade, do compromisso pela disciplina, pelo cumprimento das promessas e projeções de comportamento severo é fundamental para quem quiser fazer uma prestação de contas que seja e se veja como bem-sucedida. São características fundamentais da correta prestação de contas:

- fundamentar-se num plano de contas; no planejamento contábil e financeiro e no plano estratégico e de negócios, para um horizonte temporal bem-definido;
- mostrar o que foi projetado, dito e proposto, e confrontar com o que foi realizado de fato, o que foi executado;

- dirigir-se a quem de direito, com ênfase na satisfação dos acionistas, sócios e, no caso público, dos representantes dos interesses da nação ou de uma comunidade;
- abrir, detalhar e explicar, sem dar margem a dúvidas ou a ausências de justificativas de atos e fatos;
- cumprir exaustivamente e de modo padronizado a rotina da prestação de contas, dentro das exigências e normas técnicas em vigor;
- fazer com iniciativa própria, no lugar de ser impelido e obrigado a prestar contas;
- disseminar, segundo as necessidades e as regras do bom senso, a prestação de contas, interna e externamente.

Direito tributário

A Lei Complementar nº 101 foi emitida a 4 de maio do ano 2000 e é intitulada Lei de Responsabilidade Fiscal, também conhecida pelo anagrama LRF. Ela estabelece normas de finanças públicas que são voltadas à responsabilidade na gestão fiscal. Não se trata mais de montar contas e gastar sem lastro, como sucedeu no passado. Para combater a inflação, crescer com estabilidade e gerar resultados positivos integrados, como ente de um mecanismo superior e complexo, o Estado, os governos e todas as entidades públicas precisam agir com seriedade, disciplina, acuidade, transparência, honestidade de propósitos e de atos.

Assim poderão maximizar a produtividade da administração pública e dos recursos que lhe foram confiados por toda a sociedade. Como lei complementar, estabelece normas de finanças públicas que estão voltadas para a consubstanciação da responsabilidade na gestão fiscal e dá outras diretrizes.

A LRF define com clareza e propõe ações que sejam preventivas de riscos e que corrijam desvios capazes de alterar o equilíbrio das contas públicas. Destacam-se o planejamento, o controle, a transparência e a responsabilização como premissas básicas deste processo.

Cabe à Secretaria do Tesouro Nacional (STN), do Ministério da Economia e Fazenda, entre outras competências, ter atribuições de normatizar o processo de registro contábil dos atos e fatos da gestão orçamentária, financeira e concernente à gestão patrimonial das entidades, organizações e órgãos da administração pública federal. Também lhe cabe consolidar os balanços da União, das unidades estaduais federativas, dos municípios e do Distrito Federal. Ainda lhe é atribuído o papel de valorizar, promover e incentivar a integração com as demais esferas de governo em temas que digam respeito à administração financeira e contábil, de acordo com o artigo 51 da LRF e o artigo 18 da Lei nº 10.180, de 6 de fevereiro de 2001.

A LRF é fundamental para todos os gestores financeiros, especialmente os públicos, porque conscientiza e orienta enfaticamente sobre a relevância de se estabelecerem padrões, critérios, metas, objetivos, conceitos e preceitos fundamentais que justifiquem o gasto público. Ela também conscientiza os gestores a enquadrar as contas nas disponibilidades de recursos existentes e a incentivar a estabilidade, o equilíbrio, a justificativa moralizada dos dispêndios.

Assim, harmonizam-se interesses sem que se aboletem valores em poucas contas ou se criem distorções, que acabam gerando danos e prejuízos à ação pública e à alocação de recursos, a começar pelos financeiros. Deste modo, a LRF propicia a criação e o desenvolvimento sustentados de uma cultura gerencial séria, responsável, consciente de seus direitos e obrigações, na gestão dos recursos públicos.

Arrecadar dinheiro de todos os brasileiros é um esforço e um sacrifício imenso. Arrecadar esta verba gigantesca e colocá-la na mão de gestores em ministérios, secretarias estatais e múltiplos outros órgãos significa criar dezenas de milhares de cargos de gestores financeiros e confiar-lhes verbas que devem destinar-se a projetos e estruturas socioeconômico-financeiramente justificados. Todos estes profissionais hão de seguir um padrão de conduta preestabelecido, bem-afinado com o interesse geral de alocação de verbas, o que é feito pela orientação dada pela LRF. Ela incentiva o exercício pleno da cidadania, sobretudo no que diz respeito à participação do contribuinte no processo de análise, controle e acompanhamento da aplicação e destinação dos recursos públicos e da verificação e avaliação dos resultados auferidos.

O gestor público precisa estar atento à legislação financeira, contábil, fiscal e empresarial vigentes, conhecendo as diversas regulamentações, entre elas aquelas que dizem respeito ao direito tributário. O direito tributário é o segmento do direito financeiro que explicita como serão cobrados os tributos e impostos dos cidadãos para criar-se a receita que move o Estado.

Possui como contraparte o Direito fiscal ou orçamentário, que corresponde ao conjunto de normas jurídicas que se destinam à regulamentação do financiamento das atividades típicas do Estado e da governança pública. Esta matéria se ocupa das relações jurídicas existentes entre o Estado e as pessoas de direito privado, no que diz respeito à imposição, escrituração, fiscalização e arrecadação dos impostos, das taxas e das contribuições de melhoria que possam existir. Ela cria e disciplina, desta forma, relações jurídicas entre o Estado, na sua qualidade de fisco, e as pessoas que estão sujeitas a ele juridicamente e se intitulam contribuintes ou responsáveis.

A Constituição Federal define e estabelece a competência tributária. E atribui a um ente o poder de tributar, criar impostos, gerar fiscalização e acompanhamento de contas. Este processo foi dividido entre os níveis da União, dos estados, do Distrito Federal e dos municípios. Isto, a rigor, reforçou o princípio do federalismo. A determinação das alíquotas foi limitada à esfera federal. Cabe enaltecer que o direito tributário é regido por diversos princípios. Entre eles merecem destaque:

O princípio da legalidade (art. 150, I)
O Art. 150, I da Constituição Federal estabelece que "é vedado à União, aos Estados, ao Distrito Federal e aos Municípios exigir ou aumentar tributo sem lei que o estabeleça". Limita a atuação do poder que tributa a favor dos contribuintes. Encontrado no art. 5º, II, da Constituição Federal, onde "ninguém será obrigado a fazer ou deixar de fazer alguma coisa senão em virtude da lei". No que tange à criação de tributos, não existem exceções, todos eles devem ser criados por lei. Pelo art. 5º, II, da Constituição Federal, ninguém será obrigado a fazer alguma coisa se não for em função da lei. Este é o princípio da legalidade. Segundo o art. 150, I da Constituição Federal, "sem prejuízo de outras garantias asseguradas ao contribuinte, é vedado à União, aos Estados, ao Distrito Federal e Municípios: I. exigir ou aumentar tributo sem lei que o estabeleça". É este o princípio da estreita legalidade.

O princípio da igualdade ou da isonomia
A lei não deve nem pode dar tratamento desigual a contribuintes que se encontrem em situação semelhante, equivalente.

A irretroatividade e a anterioridade
O ano-base é de 1º de janeiro a 31 de dezembro. O ano da declaração é o momento em que o contribuinte levanta, identifica, mede, calcula e processa os fatos tributáveis, passa a aplicar as alíquotas, determina matematicamente o devido e recolhe o imposto. Isto, sob a condição de mais adiante o fisco concordar com o imposto que foi declarado.

A anualidade e a anterioridade
Ela corresponde a um antigo princípio. Contudo, a atual Constituição Federal não considera tal princípio.

O princípio da anterioridade mínima dita nonagesimal
Este princípio proíbe que os impostos sejam aumentados sem que a lei que o faça seja publicada com uma antecedência mínima de 90 dias, em *Diário Oficial*.

O princípio do não confisco
Não permite que o Estado use os tributos para confiscar os bens ou o patrimônio de pessoas particulares.

O princípio da liberdade de tráfego
Não pode a lei tributária limitar o tráfego interestadual ou intermunicipal de pessoas e bens, salvo o pedágio de via conservada pelo poder público.

O princípio da uniformidade geográfica
A rigor, a tributação há de ser igual em todo o território nacional. Dadas as diferenças no grau de desenvolvimento inter-regional, podem surgir legislações específicas que diferenciam regiões e áreas, no sentido de isentar de impostos ou limitar a valores menores, mais atraentes para projetos, aquelas regiões ditas mais "pobres". As mais "ricas" teriam incidência de alíquotas mais altas.

O princípio da não diferenciação tributária
"Todos deveriam ser iguais ou são perante a Lei" corresponde a uma forma de se entender este princípio. Portanto, não caberia diferenciar uns a favor ou detrimento de outros.

O princípio da capacidade contributiva (art. 145, §1º)
Merece consideração a seguinte ponderação: "Sempre que possível, os impostos terão caráter pessoal e serão graduados segundo a capacidade econômica do contribuinte, facultado à administração tributária, especialmente para conferir efetividade a esses objetivos, identificar, respeitados os direitos individuais e nos termos da lei, o patrimônio, os rendimentos e as atividades econômicas do contribuinte".

Princípio da não cumulatividade
Diz-se daquele princípio que não permitiria que um tributo se acumulasse, se avolumasse, sobre outro.

Princípio da seletividade
Dada a relevância e a necessidade de um produto, se encontra a diminuição da carga tributária. Dos que têm importância menor, são menos vitais à existência humana (são supérfluos ou vícios), aumenta-se a carga tributária. Cabe ao Estado selecionar tais produtos e serviços. Cigarros fazem mal à saúde e viciam o consumidor. Podem gerar doenças graves e incorrem em internações hospitalares de alto custo, que acabam sendo pagas pelo erário público, ou seja, com o pagamento de todos os contribuintes. Uma alíquota mais alta de imposto sobre cigarros pode reduzir, inibir e/ou limitar a demanda. Portanto, preços crescentes podem inibir o consumo de uma mercadoria, embora possam suceder inflexibilidades (inelasticidades), dada a dependência ao vício. Por outro lado, por exemplo, a educação é um

serviço e bem superior que valoriza os cidadãos e gera efeitos positivos em diferentes níveis: no convívio em família, na comunidade, na comunicação, na ciência, na tecnologia, na formação de renda e riqueza, no consumo, entre outros setores. Dadas as externalidades e os múltiplos efeitos positivos da educação, a tributação sobre as empresas do setor deveria ser nula ou baixa para viabilizar projetos existentes e atrair mais recursos.

Contabilidade pública

CONCEITO-CHAVE

A contabilidade pública, denominada contabilidade governamental, é o ramo da contabilidade que se concentra, formata e dedica ao estudo do patrimônio dos entes públicos comandados pelo direito público interno. Provém de plano de contas específico de todos os registros e movimentos financeiros ocorridos em empresas e órgãos, e se fundamenta diretamente na legislação. O dispositivo legal relevante é a Lei nº 4.320/64, que se relaciona com a gestão de recursos públicos e passou a ter maior visibilidade com o advento da Lei de Responsabilidade Fiscal.

A contabilidade pública brasileira há de contar com quatro sistemas, a saber:
- sistema orçamentário;
- sistema financeiro;
- sistema de compensação;
- sistema patrimonial.

O artigo 105 da Lei nº 4.320/64 sustenta que o balanço patrimonial apresentará:

I. O ativo financeiro.
II. O ativo permanente.
III. O passivo financeiro.
IV. O passivo permanente.
V. O saldo patrimonial.
VI. As contas de compensação.

O sistema patrimonial formata o balanço patrimonial público e a demonstração das variações patrimoniais reúne contas de resultado. As normas brasileiras de contabilidade classificam-se em diversas categorias, com base em elementos profissionais e técnicos. As profissionais estabelecem regras e rotinas de exercício de ordem profissional. As técnicas apresentam conceitos, formas de fazer e prefixo NBC-T.

Bibliografia

ANDRADE, Nilton de Aquino. *Contabilidade pública na gestão municipal*. São Paulo: Atlas, 2002.

BALEEIRO, Aliomar. *Direito Tributário Brasileiro*. 10ªed. Rio de Janeiro: Forense,1994.

BLANCHARD, Olivier. *Macroeconomia*. 5. ed. Pearson Prentice Hall, 2011.

BREALEY, Richard; MYERS, Stewart. *Princípios de finanças empresariais*. MacGraw-Hill, 2010.

BUGARIN, Mauricio Soares; VIEIRA, Laércio Mendes; GARCIA, Leice Maria. *Controle dos gastos públicos no Brasil*. São Paulo: Fundação Konrad Adenauer, 2003.

Constituição Federal do Brasil. Distrito Federal: Senado Federal, 1998.

Contabilidade governamental – despesas liquidadas para outro ente da federação. Tesouro Nacional/Ministério da Fazenda, 2010 a.

Contabilidade governamental – gestão orçamentária, financeira e patrimonial. Tesouro Nacional/Ministério da Fazenda, 2010 b.

_____. *Lei Complementar nº 101*, (de 4 de maio de 2000. Determina normas de finanças públicas destinadas à responsabilidade na gestão fiscal e dá outras providências).

_____. *Lei de Responsabilidade Fiscal*. Tesouro Nacional/Ministério da Fazenda. Disponível em <www.tesouro.fazenda.gov.br/hp/leiresponsabilidade fiscal.asp>.

_____. *Lei nº 4.320*, (de 17 de março de 1964. Normas gerais de direito financeiro para a geração e elaboração com controle, dos orçamentos e balanços emitidos pela União, dos Estados, dos Municípios e do Distrito Federal.

_____. *Siafi gerencial*. Itens recomendados e suas respectivas fórmulas de cálculo. Tesouro Nacional, 2010.

_____. *Subsistema de contas a pagar e a receber*. Secretaria do Tesouro Nacional, 2010.

GOMES, José Mauro. *A definição do gasto público*: Aspectos institucionais e a disputa política. Dissertação de mestrado apresentada ao Curso de Pós-Graduação em Administração Pública e Governo da EAESP. Fundação Getulio Vargas: São Paulo, 1999.

KASZNAR, Istvan. *Revista Financeiro*, anos 1 a 8, nº 6 a 61; in: ACREFI – Associação Nacional das Instituições de Crédito, Financiamento e Investimento.

_____. *Economia do setor público*. Apostila do curso Cipad, Rio de Janeiro: FGV 2012 a.

_____. *Finanças públicas e gestão do setor público*. Apostila para o Curso da Procuradoria Geral da Fazenda Nacional – Procuradoria Geral da Fazenda Nacional. Rio de Janeiro: FGB, 2012 b.

KOHAMA, Helio. *Contabilidade pública*: teoria e prática. 9 ed. São Paulo: Atlas, 2003.

WORLD BANK ANNUAL REPORT. Washington: World Bank, 1995/2008.

Sobre o autor

Istvan Karoly é PhD em Business Administration pela California Coast University, além de mestre em economia pela EPGE/FGV, economista pela Universidade Federal do Rio de Janeiro (UFRJ) e bacharel em administração pela Ebape/FGV. Tem experiência nas áreas empresarial, diretiva, bancária, agrícola, de ensino, pesquisa e consultoria corporativa e institucional, para empresas privadas e públicas, no Brasil e no exterior. É assessor direto da Presidência da FGV e coordenador de políticas públicas do Programa de Estudos dos Estados e Municípios (Peem/Ebape); do Núcleo de Estudos da Saúde, da Previdência e da Assistência Social (Nespas) e do Núcleo de Suporte a Empresas Nacionais e Transnacionais (NUT). É economista, chefe do Sindicato das Financeiras (Secif) e gestor, chefe do Comitê de Economia e Finanças da Aberj/Sberj – Associação e Sindicato dos Bancos do Rio de Janeiro e Espírito Santo. É conselheiro de numerosas organizações, entre elas Institutional Business (IBCI); Agrocultura (ABN); Instituto Dannemann Siemsen da Propriedade Intelectual (IDS). Atuou como economista do Citibank, superintendente de Economia e Planejamento da Agência de Desenvolvimento do Rio de Janeiro, assessor da Presidência do Banco Francês e Brasileiro/Credit Lyonnais e Presidente da Comissão Técnica de Economia e Planejamento dos Sindicatos e da Associação dos Bancos.

Impresso nas oficinas da
Sermograf - Artes Gráficas e Editora Ltda.
Rua São Sebastião, 199 - Petrópolis - RJ
Tel.: (24)2237-3769